F/G/S GRAPHICA
FELIPE TABORDA
GABRIEL MARTÍNEZ
SONIA DÍAZ

AF192620

GRAPHIC IBEROAMÉRICA GRÁFICA
MASTERS / MAESTROS

WALESKA
BELISARIO

Experimen Libros

INTRO

One of the most influential figures in the Venezuelan design scene, with extensive experience in corporate image design and editorial production, with a special emphasis on the cultural area, Waleska Belisario is a native of Caracas, the capital of this country. Together with Carolina Arnal and Oscar Vásquez, she founded the ABV Taller de Diseño studio in 1989, which quickly became a benchmark for quality and creative capacity. Having lived through a golden age in Venezuela's history, with a vibrant cultural and economic effervescence—now somewhat distant in these current times—Waleska had the privilege of working with some of the most important local artists and creators, such as the renowned designer Gerd Leufert, between 1977 and 1985. With work that combines visual clarity with conceptual depth, Waleska has participated in numerous exhibitions and received several national and international awards. Waleska has been a professor of graphic design at the Neumann-Ince Foundation Design Institute for many years. She is an Honorary Member of the Gego Foundation and the Venezuelan Graphic Design Association.

Una de las figuras más influyentes del panorama del diseño en Venezuela, y con amplia experiencia en el diseño de imagen corporativa y producción editorial, con especial énfasis en el área cultural, Waleska Belisario es natural de Caracas, capital de este país. Junto a Carolina Arnal y Oscar Vásquez, fundó en 1989 el estudio ABV Taller de Diseño, que rápidamente se convirtió en un referente en calidad y capacidad creativa. Habiendo vivido una época dorada en la historia de Venezuela, con un efervescencia cultural y económica vibrante -ahora algo lejano en estos tiempos actuales- Waleska tuvo el privilegio de haber trabajado con algunos de los artistas y creadores locales más importantes, como el reconocido diseñador Gerd Leufert, entre 1977 y 1985. Con un trabajo que combina la claridad visual con una profundidad de concepto, Waleska participó en numerosas exposiciones, además de merecer varios reconocimientos nacionales e internacionales. Waleska ha sido durante años profesora en el Instituto de Diseño Fundación Neumann-Ince, en la materia de Diseño Gráfico. Es Miembro Honorable de la Fundación Gego y de la Asociación de Diseño Gráfico de Venezuela.

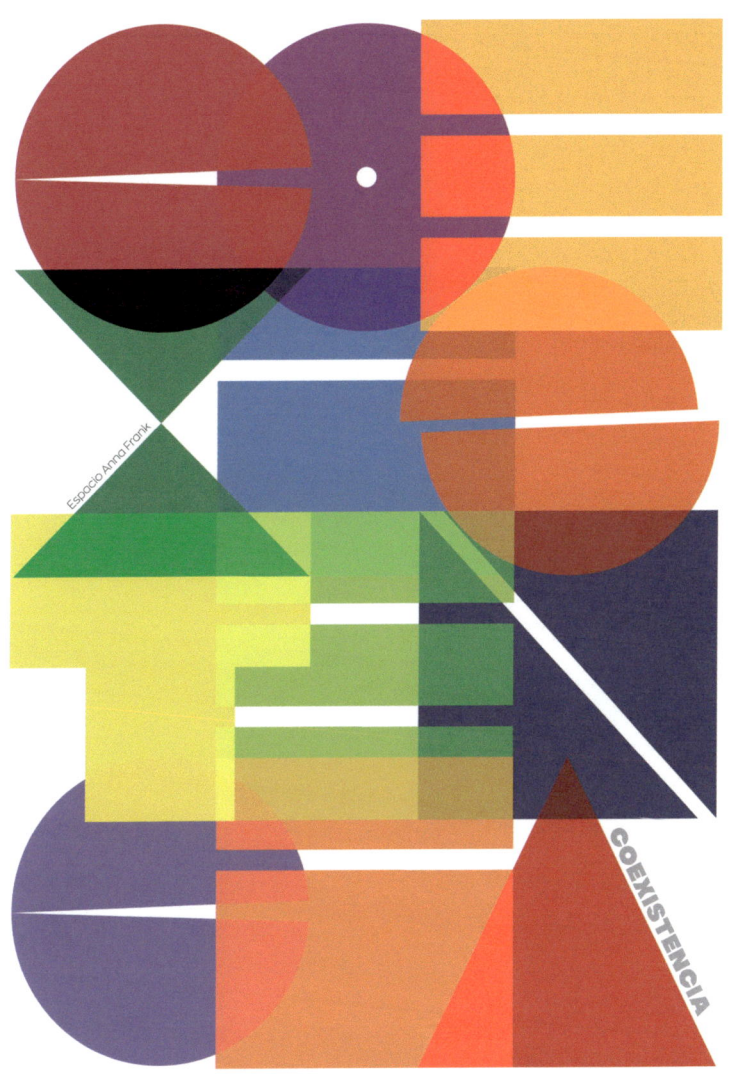

Cartel Coexistencia · Diseñadora invitada · Espacios Anna Frank · 2023

COEXISTENCIA

Espacio Anna Frank

APPROACH / ENFOQUE

There are not many Venezuelan graphic designers who fit the profile of Waleska Belisario. I would venture to say that, apart from her significant *technical-intellectual* contribution to the rich and complex history of local graphic design, she is an active designer-citizen who has contributed to the growth of contemporary Venezuelan cultural imagery, developing her career around broad (yet everyday) themes such as art, religion, politics, and Venezuela's natural resources. This is not just 'Total Design'; it is also being aware that graphic design is a key element in shaping a country that refuses to disappear.

No son muchos los diseñadores gráficos venezolanos que pudiéramos describir con el perfil que presenta Waleska Belisario. Me atrevo a decir que aparte de su gran aporte *tecnointelectual* a la rica y compleja historia del diseño gráfico local, es una diseñadora-ciudadana activa que ha aportado al crecimiento de la imaginería de la cultura contemporánea venezolana, desarrollando su carrera en torno a temas tan amplios (a la vez tan cotidianos) como el arte, la religión, la política y los recursos naturales de Venezuela. Esto no es solamente «Diseño Total», es también ser consciente que el diseño gráfico es un elemento clave en la conformación de un país que se niega a desaparecer.

Ricardo Báez
Diseñador gráfico, editor, director de arte, miembro de la AGI (Alliance Graphique Internationale) y creador del Archivo Gráfico (VE)

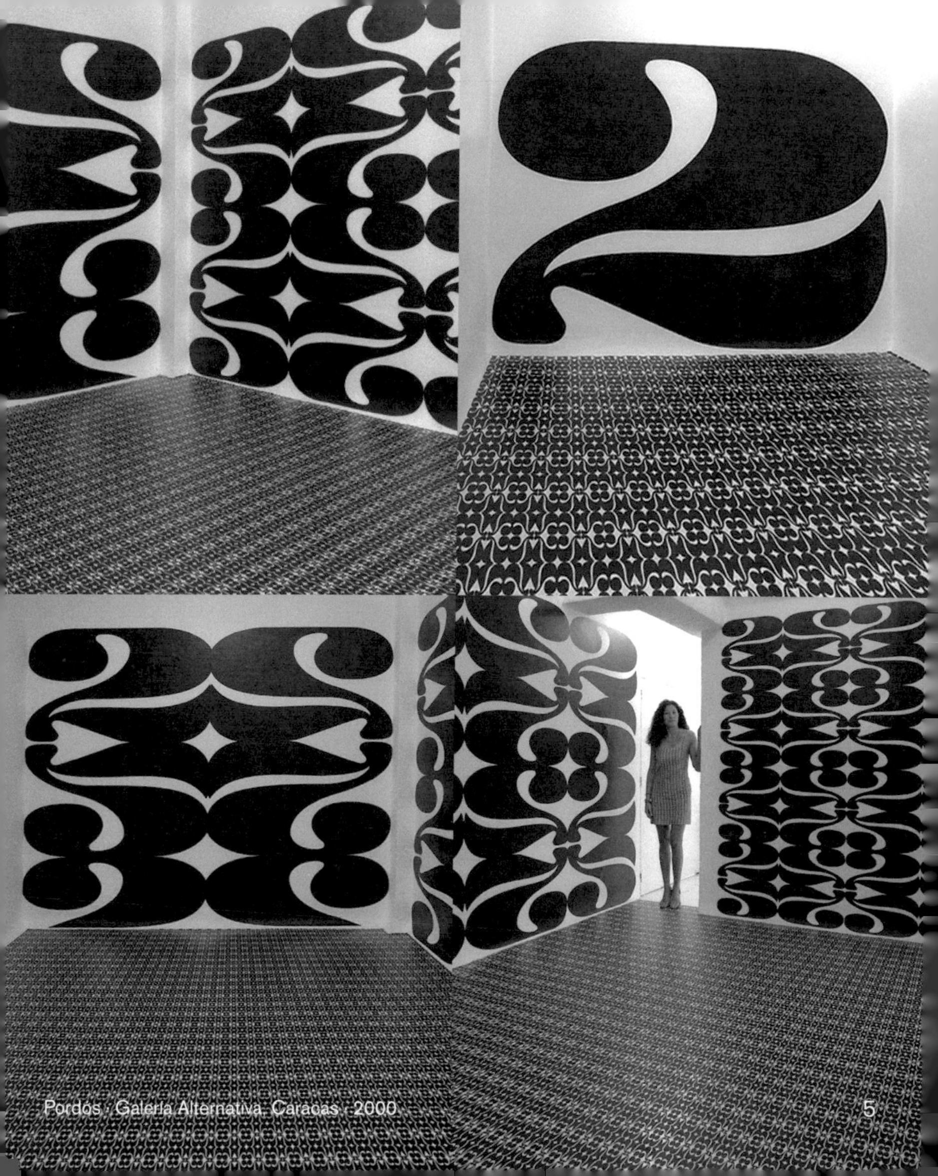

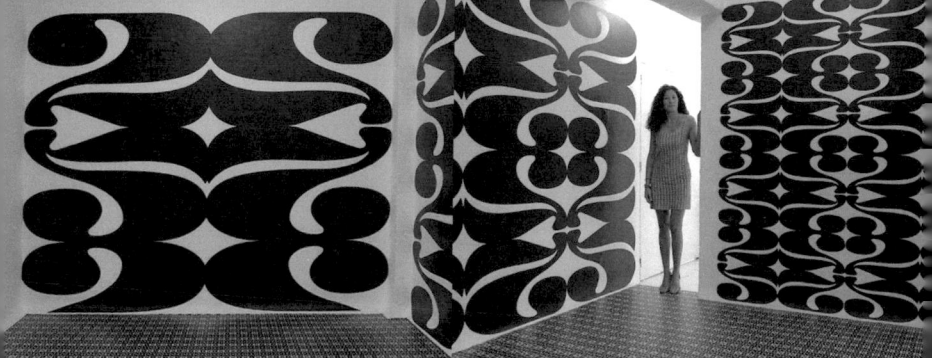

DUALITY / DUALIDAD

It is not difficult to assert that Waleska Belisario belongs to a significant tradition within the history of Venezuelan graphic design: the "tradition of duality" that so "tormented" the masters who came from Europe. What does this duality consist of? It consists of having the drive and determination to make "art" while doing graphic or industrial design. Many examples have contributed to the rediscovery of what we can label as 'invention-design,' an explicit branch of art since the 1960s. —Lourdes Blanco

No es difícil afirmar que Waleska Belisario pertenece a una significativa tradición dentro de la historia del diseño gráfico venezolano: la «tradición de la dualidad» que tanto «atormentó» a los maestros venidos desde Europa. ¿En qué consiste esa dualidad? Pues en tener el impulso y determinación para hacer «arte» mientras se hace diseño gráfico o industrial. Muchos ejemplos han contribuido al reencuentro con lo que podemos rotular como «invención-diseño», una vertiente explícita del arte a partir de los sesenta. —Lourdes Blanco

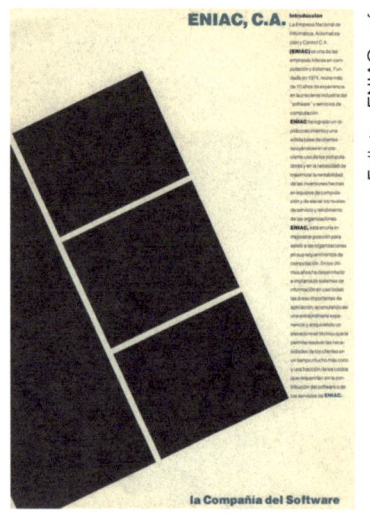

Folleto · ENIAC · s.f.

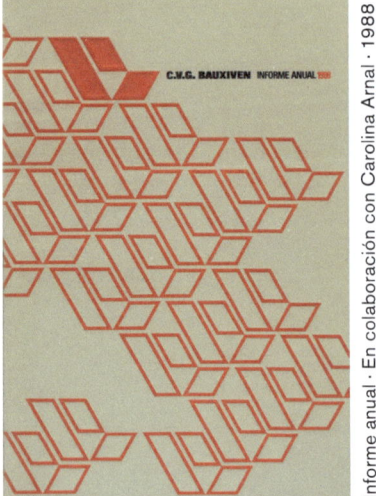

Informe anual · En colaboración con Carolina Arnal · 1988

GERD LEUFERT
ENSAMBLAJES FOTOGRÁFICOS
CARACAS 1992
CRÓNICA APÓCRIFA

BEAUTY / BELLEZA

I believe that my appreciation for beautiful things comes from my father, who died very young but left me with lasting gifts. One of them is a passion for beauty. I still vividly remember the emotions that the furniture in our family home evoked in me; today I know that it was from Tecoteca, a cutting-edge furniture design shop in Venezuela. Later on, I began my studies in graphic design and was fortunate enough to work at the National Art Gallery, so I was able to move between art and graphic design [...] it was about representing and coexisting with beauty, as I once heard a friend say, "wherever it may be".

Creo que el gusto por las cosas bellas me viene de mi papá, que murió muy joven pero dejó en mí cosas perdurables. Una de ellas es la pasión por la belleza. Recuerdo todavía de una manera muy vívida las emociones que me provocaban los muebles de la casa familiar; hoy sé que eran de Tecoteca, una tienda de vanguardia en Venezuela en cuanto a mobiliario de diseño. Más adelante, comencé mis estudios de diseño gráfico y tuve la suerte de trabajar en la Galería de Arte Nacional, así que me pude mover entre el arte y el diseño gráfico [...] se trataba de la representación y la convivencia con la belleza, como una vez le escuché decir a un amigo, «esté donde esté».

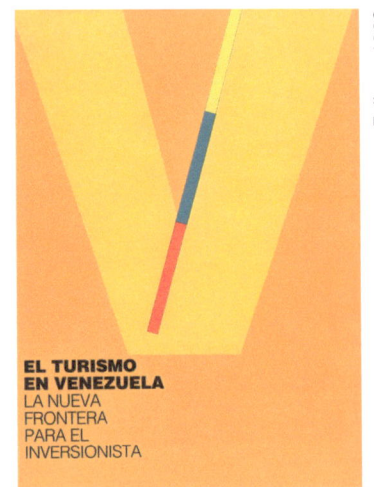

Folleto · 1993

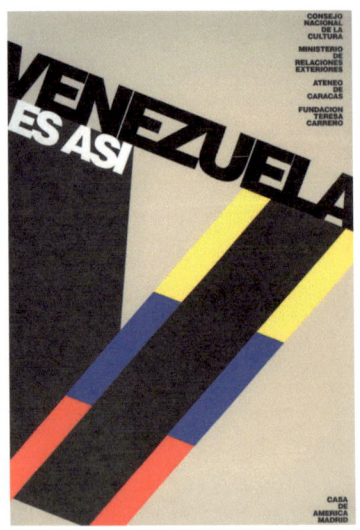

Folleto · 1993

VENEZUELA ENTRE 3

FRANCIA
7 / 10 al 18 / 10. 1996
ALLIANCE FRANÇAISE
París, Francia

ALEMANIA
24 / 10 al 26 / 11. 1996
BIBLIOTECA HUMBOLDT
Berlín-Reineckendorf

VENEZUELA
16 / 2 al 24 / 3. 1997
CARACAS
Museo Jacobo Borges

MUSEO Jacobo
Borges

6 / 4 al 5 / 5. 1977
TOVAR
Museo de Tovar
José Lorenzo de Alvarado

11 / 5 al 8 / 6. 1997
MÉRIDA
Museo de Arte Moderno
Juan Astorga Anta

15 / 6 al 20 / 7. 1997
MARACAIBO
Centro de Arte de Maracaibo
Lía Bermúdez

17 / 8 al 28 / 9. 1997
BARQUISIMETO
Museo de Barquisimeto

13 / 10 al 23 / 11. 1997
VALENCIA
Ateneo de Valencia

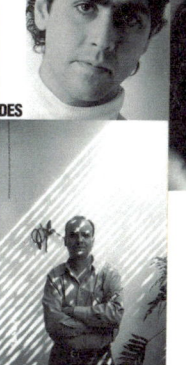

RODRIGO BENAVIDES

MAGÜI TRUJILLO

CARLOS GERMÁN ROJAS

9

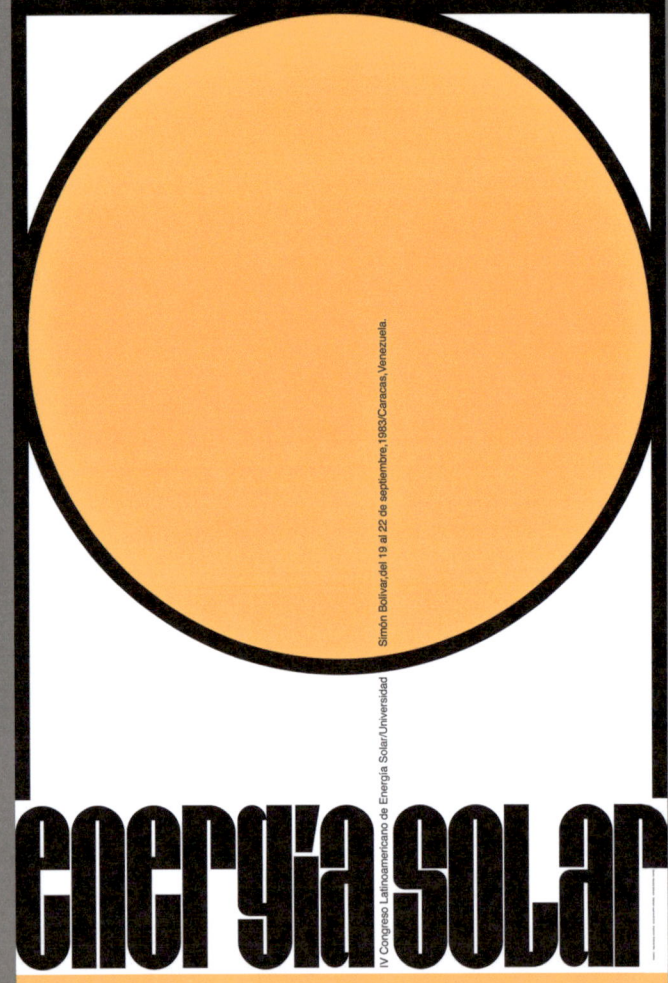

energia solar

IV Congreso Latinoamericano de Energía Solar/Universidad Simón Bolívar,del 19 al 22 de septiembre,1983/Caracas,Venezuela.

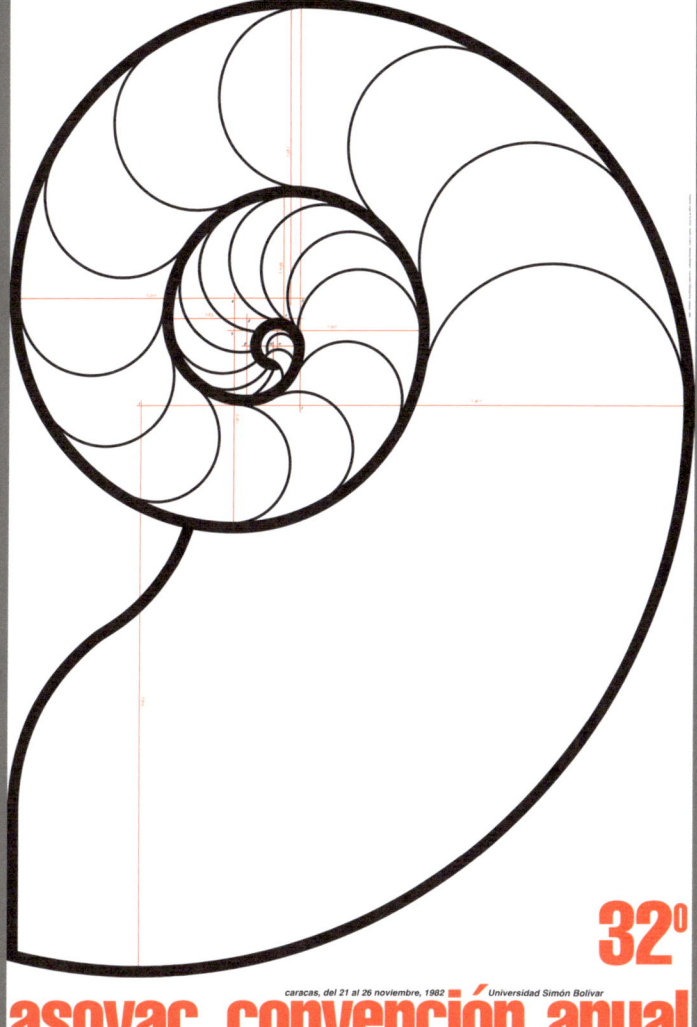

32⁰

caracas, del 21 al 26 noviembre, 1982 *Universidad Simón Bolívar*

asovac convención anual

BEGINNING / COMIENZO

I started working at the National Art Gallery (GAN) in 1976 as a design assistant. I studied at the Neumann-Ince Foundation Design Institute, one of the most advanced educational institutions in the field of graphic design in Latin America. I completed my second year, but for personal reasons I was forced to abandon my studies. Fortunately, my professor Orlando Aponte encouraged me to submit my portfolio to apply for the position of design assistant in the GAN's publications department. I was accepted, and that was the beginning of my career.

Entré a trabajar en 1976 en la Galería de Arte Nacional (GAN) como asistente de diseño. Estudié en el Instituto de diseño Fundación Neumann-Ince, una de las instituciones educativas en el área del diseño gráfico más avanzadas en América Latina; cursé hasta segundo año, y por razones personales me vi en la obligación de abandonar los estudios. Por fortuna, mi profesor Orlando Aponte me indujo a presentar el portafolio para optar por el cargo de asistente de diseño en el departamento de publicaciones de la GAN. Me aceptaron, y ese fue el comienzo de mi carrera.

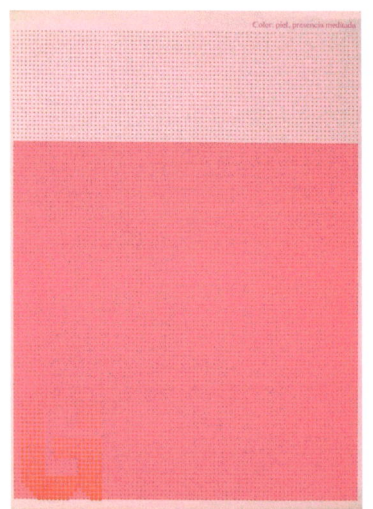

Catálogo · GAN · 1979

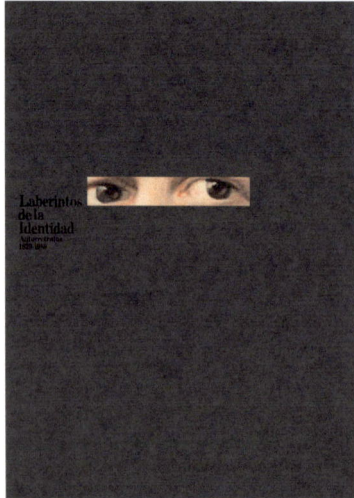

Catálogo · 1989

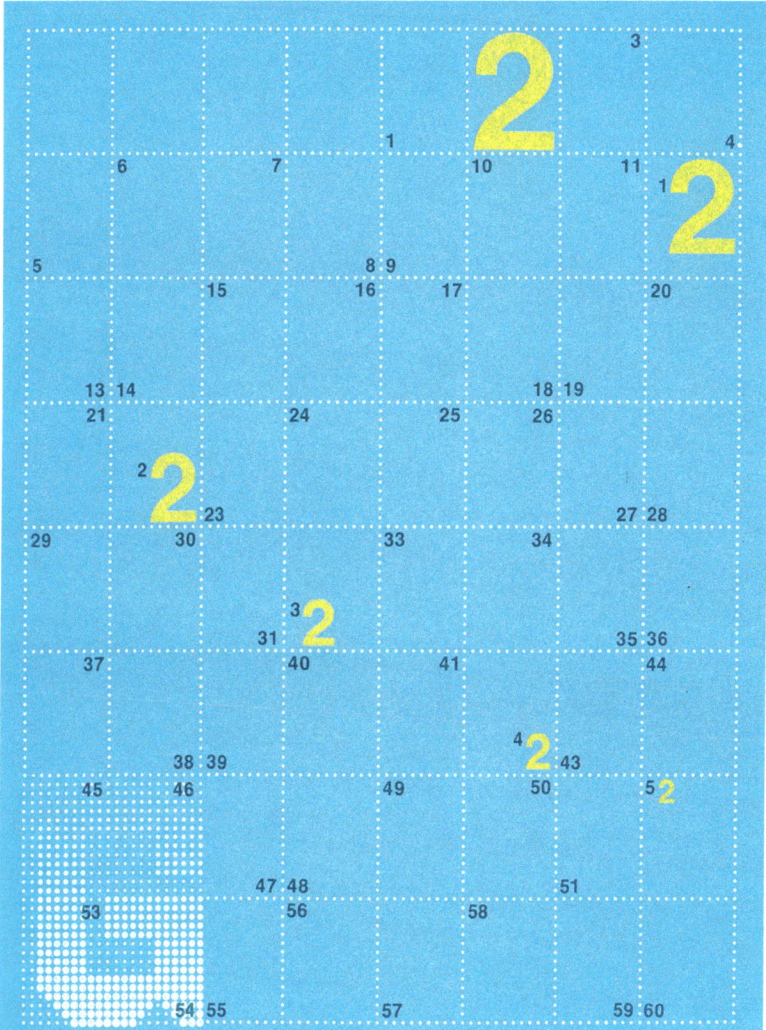

Exposición y catálogo · Unidad de Publicaciones y Diseño (GAN) · 1980

13

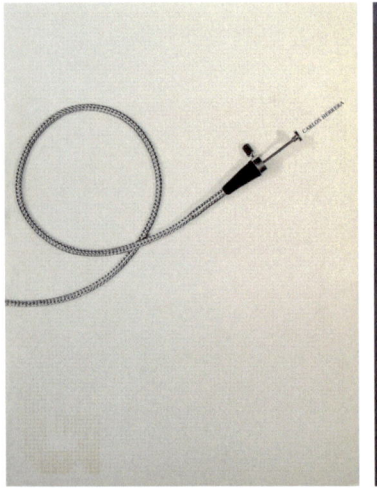
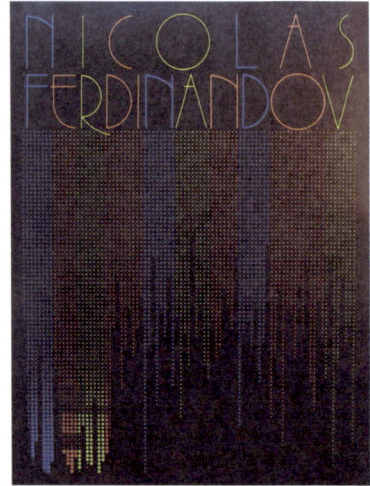
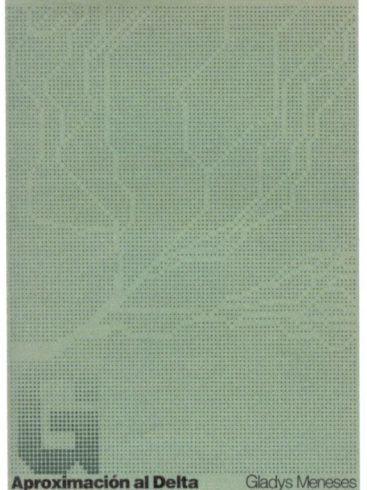

Aproximación al Delta — Gladys Meneses

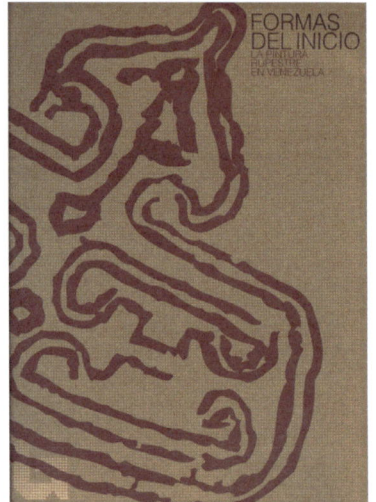

FORMAS DEL INICIO
LA PINTURA RUPESTRE EN VENEZUELA

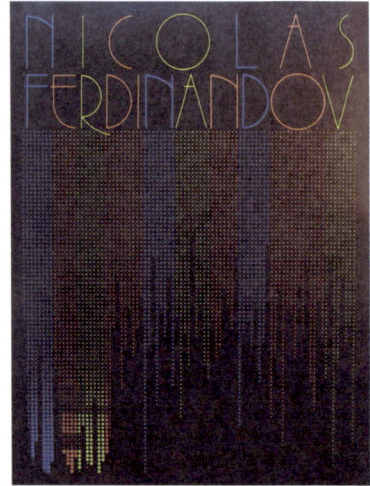

NICOLAS FERDINANDOV

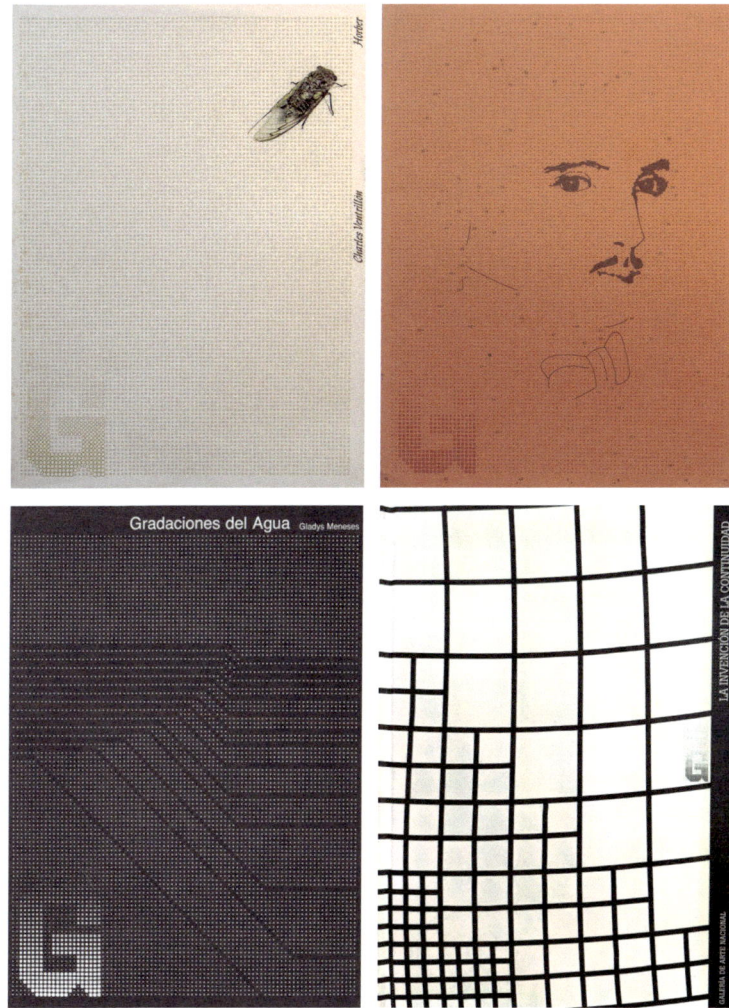

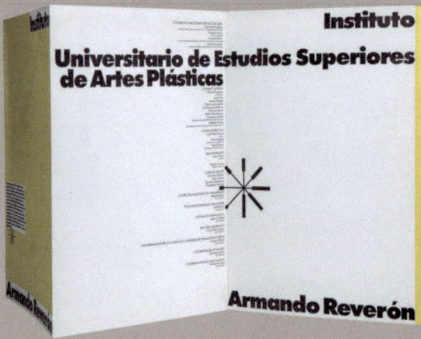

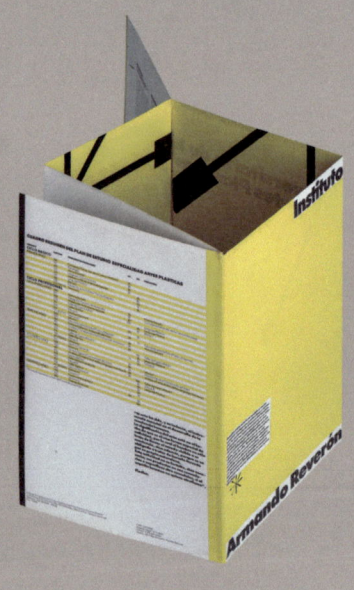

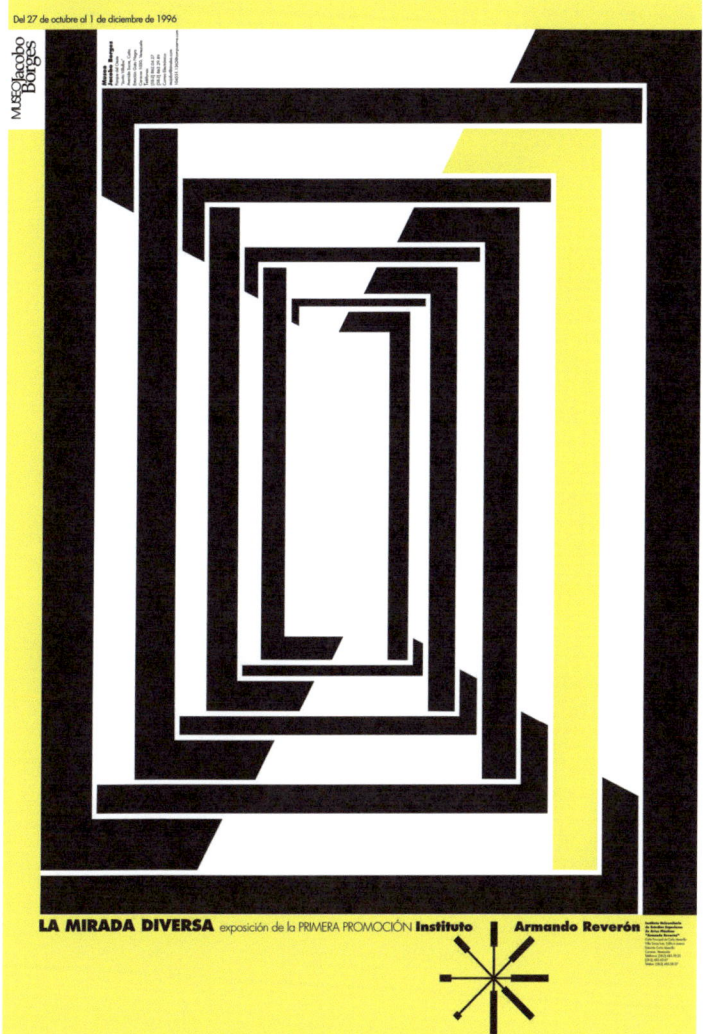

SURROUNDED / RODEADA

I did an internship at Editorial Arte, the most important printing company in the country at the time, which, together with Cromotip, was most closely associated with museums and the cultural sector. At Editorial Arte, alongside Javier Aizpúrua, I designed the book Angelaciones by Alfredo Armas Alfonzo. Then Álvaro Sotillo—now one of the masters of Venezuelan design—asked me if I wanted to work as an assistant to Gerd Leufert, and I accepted. I worked with him for nine years, and I couldn't have had a better school or a better teacher. I was where I was meant to be, surrounded by art and design.

Hice una pasantía en Editorial Arte, la imprenta más importante del país en ese momento, que junto a Cromotip eran las que más se relacionaban con los museos y el área cultural; en Editorial Arte, junto a Javier Aizpúrua, diseñé el libro Angelaciones, de Alfredo Armas Alfonzo. Después Álvaro Sotillo —hoy en día uno de los maestros del diseño venezolano— me preguntó si quería trabajar asistiendo a Gerd Leufert, y acepté. Trabajé con él por nueve años, y no podía tener mejor escuela ni mejor profesor. Estaba en el sitio que debía estar, rodeada de arte y diseño.

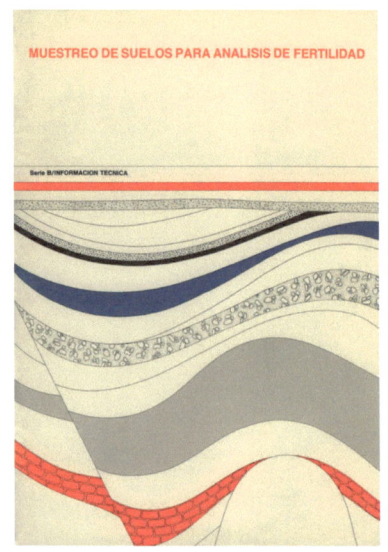

Folleto · s.f.

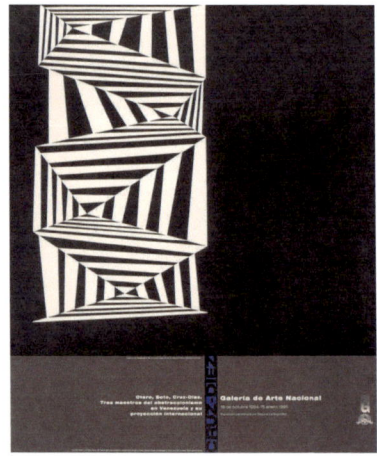

Cartel · GAN · 1994

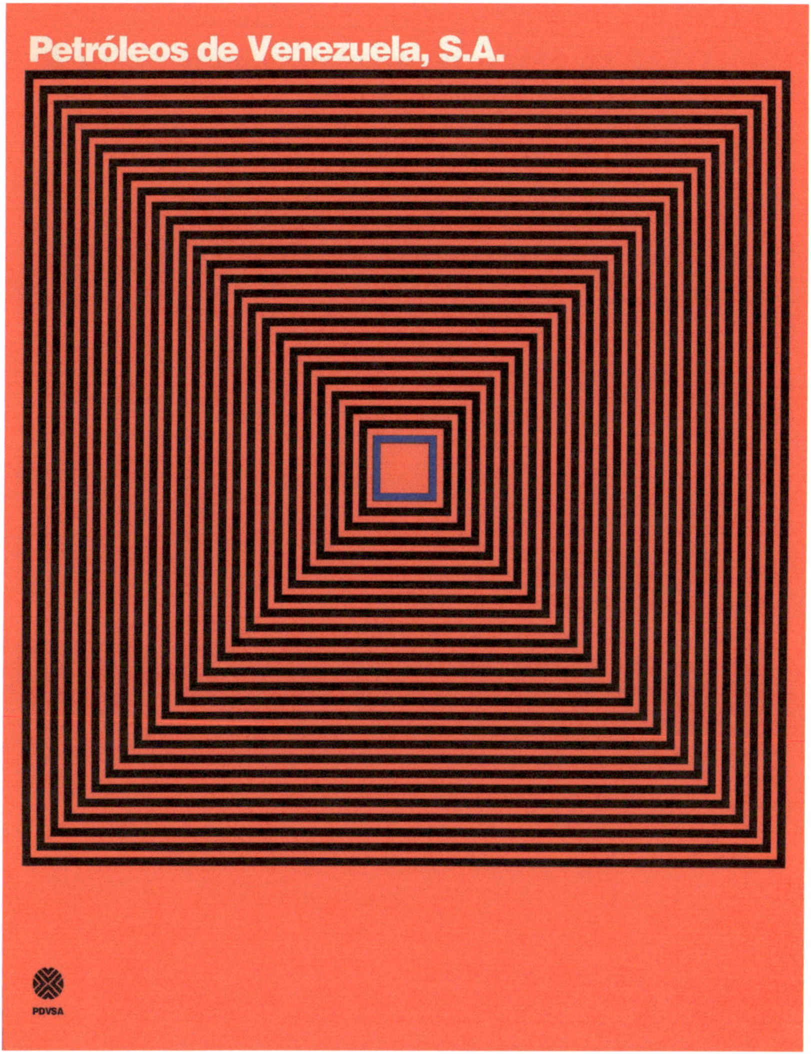

Petróleos de Venezuela, S.A.

PDVSA

Revista · Ediciones Sociedad de Amigos del Santo Sepulcro · 2017

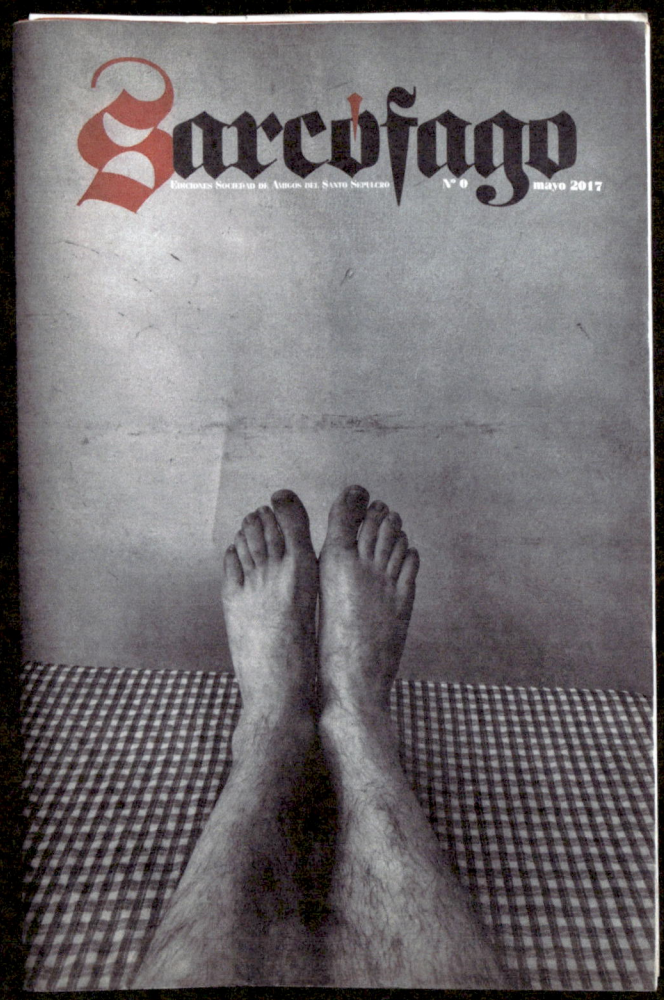

Maestra : Waleska Belisario

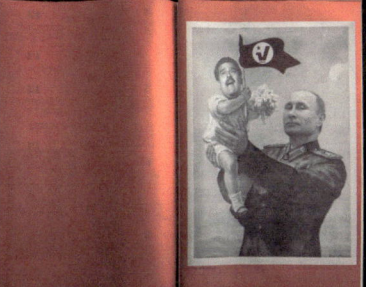

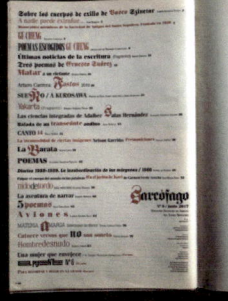

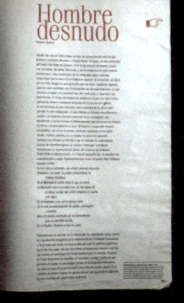

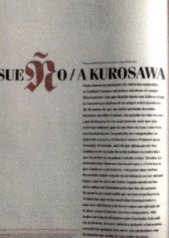

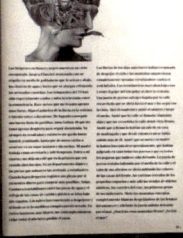

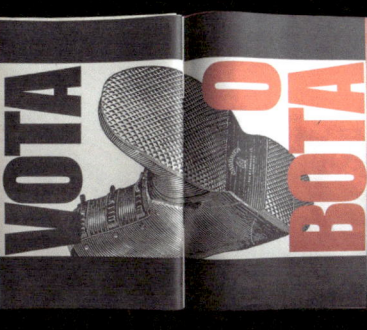

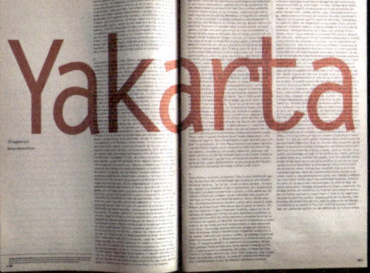

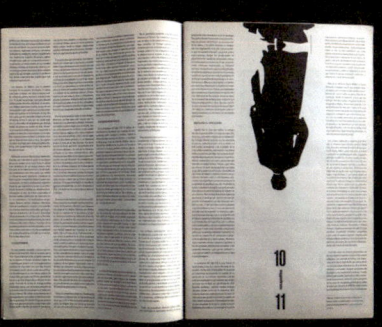

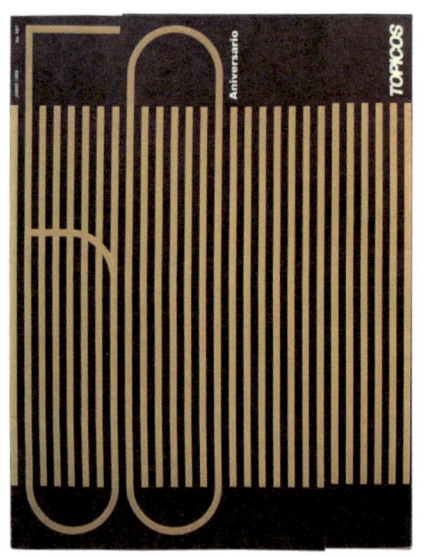

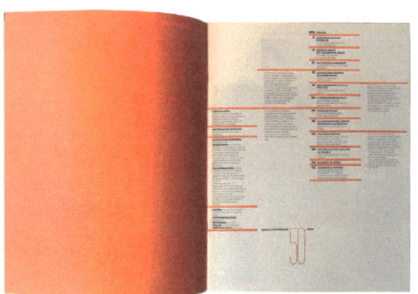

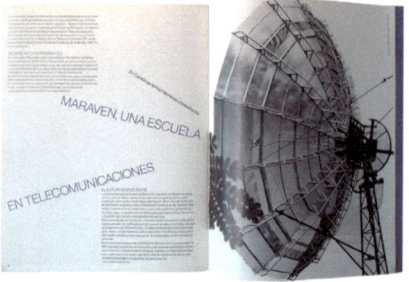

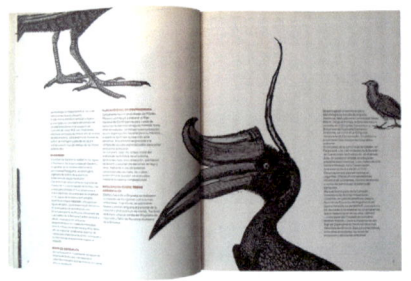

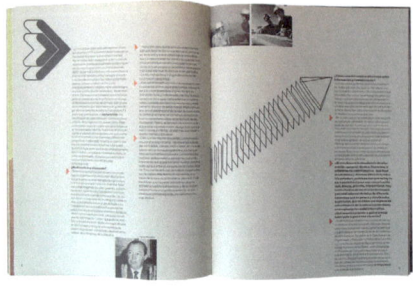

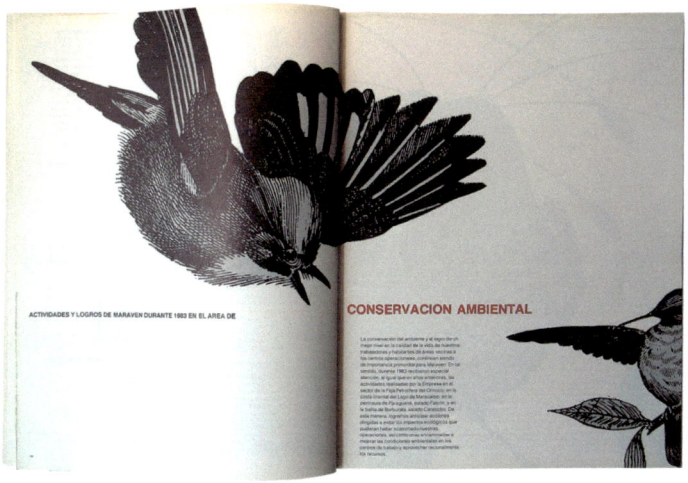

ACTIVIDADES Y LOGROS DE MARAVEN DURANTE 1983 EN EL AREA DE

CONSERVACION AMBIENTAL

La conservación del ambiente y el logro de un mejor nivel en la calidad de la vida de nuestros trabajadores y habitantes del área, vinculan a los centros operacionales, combinan siendo de importancia primordial para Maraven. En tal sentido, durante 1983 se colocó especial atención, al igual que en años anteriores, las actividades realizadas por la Empresa en el sector de la Faja Petrolífera del Orinoco, en la zona Oriental del Lago de Maracaibo, en la península de Paraguaná, estado Falcón y en la bahía de Borburata, estado Carabobo. De esta manera, Logramos cumplir acciones dirigidas a evitar los impactos ecológicos que pudieran haber ocasionado nuestras operaciones, así como una orientación a mejorar las condiciones ambientales en los centros de trabajo y aprovechar racionalmente los recursos.

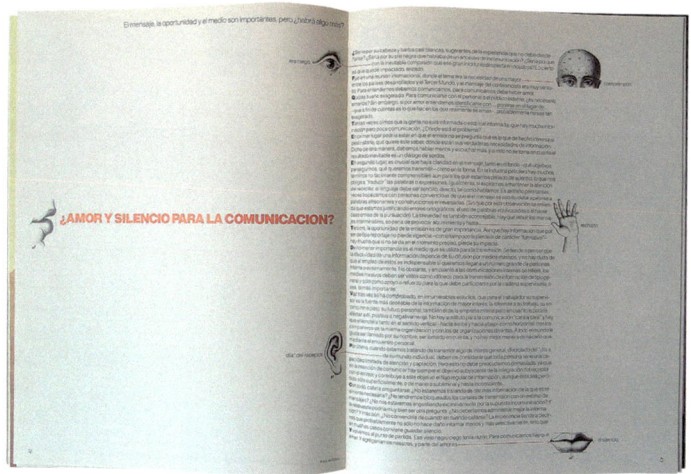

Enseñanza, la oportunidad y el medio son importantes, pero ¿habrá algo más?

¿AMOR Y SILENCIO PARA LA COMUNICACION?

COLLABORATE / COLABORAR

In 1983, Oscar Vásquez, Víctor Hugo
Irazábal, Sigfredo Chacón, Carolina
Arnal, Mercedes Madriz, and I got
together to form Contexto Taller
de Diseño, a group that did not last
long, but with which we managed to
carry out one of the most important
projects in the history of design in
the country, the book Diseño Gráfico
en Venezuela (Graphic Design in
Venezuela). Later, in 1989, Oscar,
Carolina, and I created ABV Taller
de Diseño, an organisation that has
endured to this day and with which
we have received many awards. Sadly,
Oscar Vásquez passed away in 2002.

En 1983 nos agrupamos Oscar
Vásquez, Víctor Hugo Irazábal,
Sigfredo Chacón, Carolina Arnal,
Mercedes Madriz y yo en Contexto
Taller de Diseño, agrupación que no
duró mucho, pero con la que logramos
llevar adelante uno de los proyectos
más importantes sobre la historia
del diseño en el país, el libro Diseño
Gráfico en Venezuela. Posteriormente,
en 1989, Oscar, Carolina y yo creamos
ABV Taller de Diseño, organización que
ha perdurado hasta el día de hoy y
con la que hemos obtenido muchos
reconocimientos. Lamentablemente
Oscar Vásquez murió en el 2002.

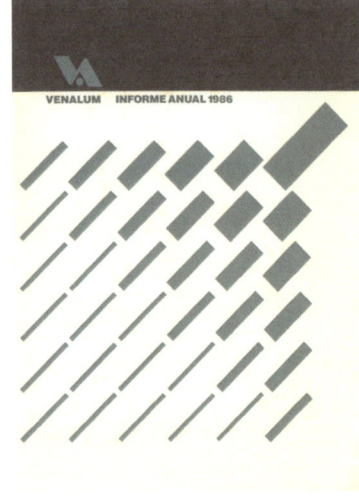

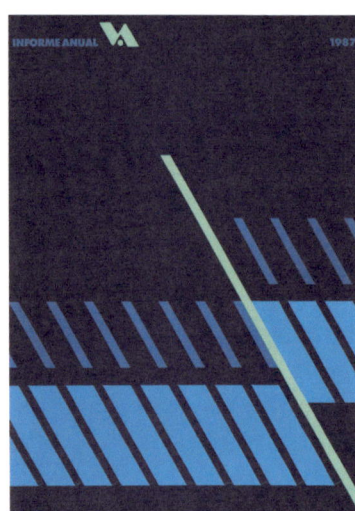

Informes anuales · En colaboración con Óscar Vásquez y Carolina Arnal · 1987-1986

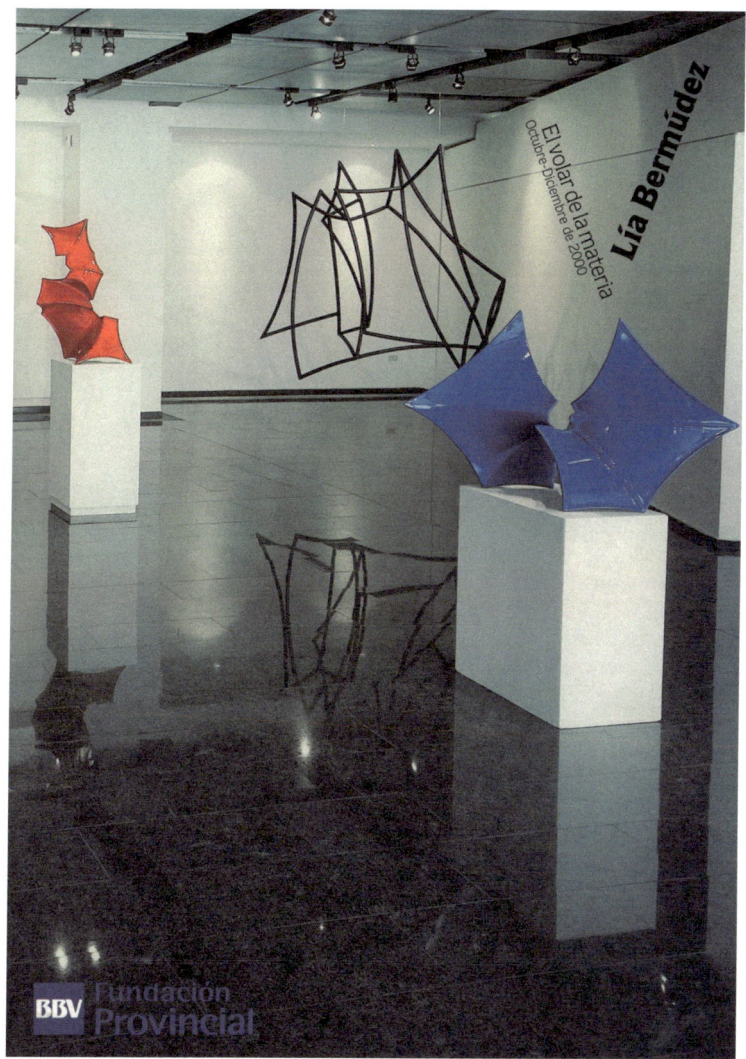

Lía Bermúdez

El volar de la materia
Octubre-Diciembre de 2000

BBV Fundación Provincial

DEFINING / DELINEAR

Design is a fluid exercise that envelops everything and shapes the way we see and perceive our surroundings. Constant and irreverent, it moves through pieces, materials, links, assemblages, objects, artefacts, ways of life and all kinds of structures, whether utilitarian or not, physical or virtual. This comprehensive framework, which, as a total vision, has spanned multiple decades, is part of the set of visual exercises that surround and feed the creative passion of designer Waleska Belisario.
—Lorena González Inneco

El diseño es un ejercicio fluido que lo envuelve todo y que delinea nuestras formas de mirar y percibir lo que nos rodea. Al tiempo constante e irreverente, se desplaza en piezas, materias, enlaces, ensamblajes, objetos, artefactos, formas de vida y todo tipo de estructuras, utilitarias o no, presenciales o virtuales. Ese entramado integral, que, como visión total ha recorrido múltiples décadas, es parte del conjunto de ejercicios visuales que rodean y alimentan la pasión creativa de la diseñadora Waleska Belisario.
—Lorena González Inneco

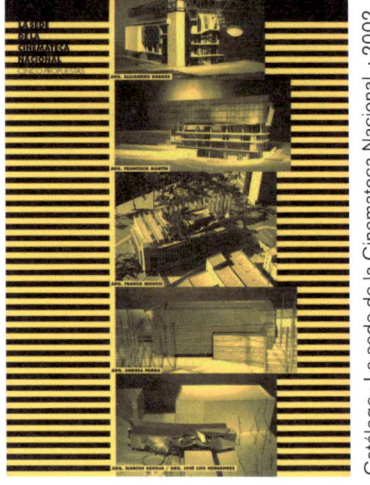

Catálogo · Espacios Unión · 1994

Catálogo · La sede de la Cinemateca Nacional · 2002

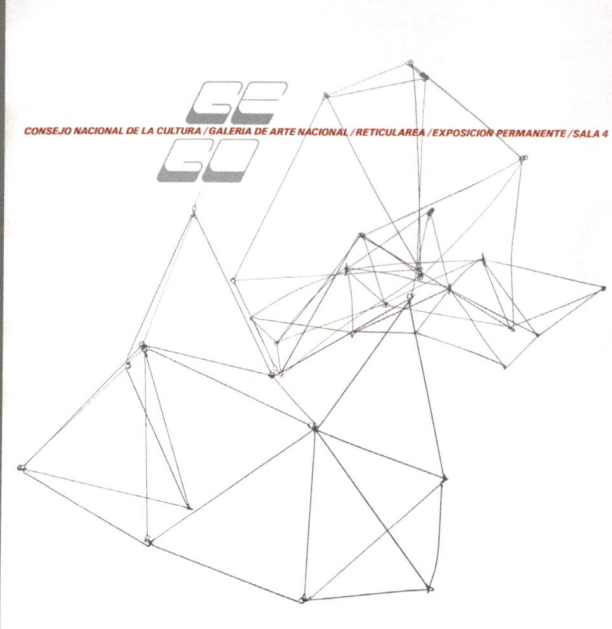

CONSEJO NACIONAL DE LA CULTURA / GALERIA DE ARTE NACIONAL / RETICULAREA / EXPOSICION PERMANENTE / SALA 4

CONTACT / CONTACTO

In the interior of the country, museum institutions such as the Jesús Soto Museum, the Barquisimeto Museum, the Maczul in Zulia, and important exhibition and community outreach programmes were created. At that time, it was very common (in my case) for the artist to come and see what was being designed for their project. I had very close contact with artists who already had a solid international reputation, such as Jesús Soto, Oswaldo Vigas, Carlos Cruz-Diez, Mercedes Pardo, and many others. Alejandro Otero asked me to design a biography written by José Balza: *Un Color Demasiado Secreto.*

El interior del país se crearon instituciones museísticas como el Museo Jesús Soto, el Museo de Barquisimeto, el Maczul en el Zulia e importantes programas expositivos y de acción con la sociedad. En ese tiempo era muy común que (en mi caso) el artista se acercara a ver lo que se diseñaba para su proyecto. Tuve contactos muy cercanos con artistas que ya tenían una sólida proyección internacional como Jesús Soto, Oswaldo Vigas, Carlos Cruz-Diez, Mercedes Pardo y muchos o tros. Alejandro Otero me pidió que diseñara una biografía escrita por José Balza: *Un color demasiado secreto.*

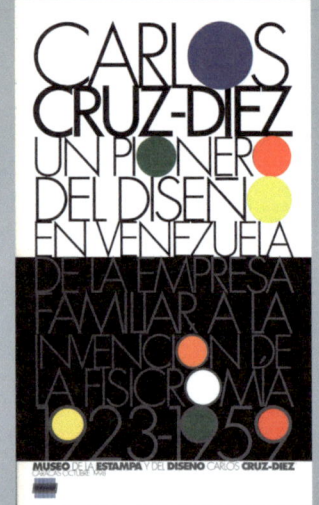

Catálogo · Museo de la Estampa y del Diseño · 1998

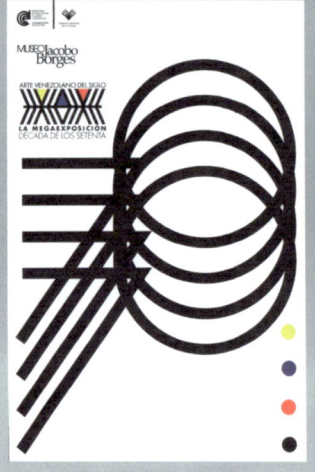

Catálogo · Museo Jacobo Borges · 2005

José Balza

Un color demasiado secreto
(La infancia de Alejandro Otero)

Ediciones Maeca

CONSOLIDATE / CONSOLIDAR

In the private sector, there was a boom in galleries, including Sala Mendoza, Los Espacios Cálidos, at the Ateneo de Caracas, the Centro Cultural Consolidado at the bank of the same name, and Espacios Unión, at Banco Unión, excellently run by cultural manager Vilma Ramia. Similarly, mixed institutions, which belonged to state agencies but knew how to open up to private funds in order to better perform their work, such as Sala RG, from the Rómulo Gallegos Centre for Latin American Studies, launched some of the visual artists who would consolidate their work in the following decades.

En el sector privado hubo un auge de galerías, entre ellas, la Sala Mendoza, Los Espacios Cálidos, del Ateneo de Caracas, el Centro Cultural Consolidado del banco homónimo y Espacios Unión, del Banco Unión, conducido con excelencia por la gerente cultural Vilma Ramia. Igualmente instituciones mixtas, que pertenecían a organismos del Estado pero supieron abrirse a fondos privados para desempeñar mejor su labor, como la Sala RG, del Centro de Estudios Latinoamericanos Rómulo Gallegos, que lanzó a algunos de los artistas visuales que consolidarían su obra en las décadas siguientes.

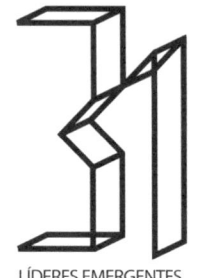

LÍDERES EMERGENTES

Evento · Tahia Rivero · 2007

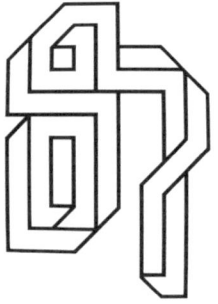

Portada · Informe Maraven · 1987

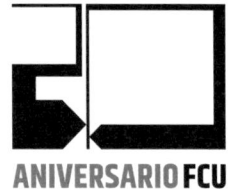

ANIVERSARIO FCU

Logotema · FCU · 2019

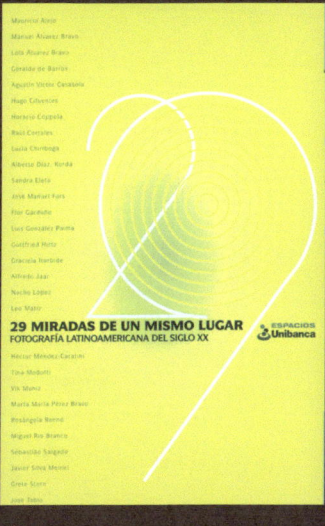

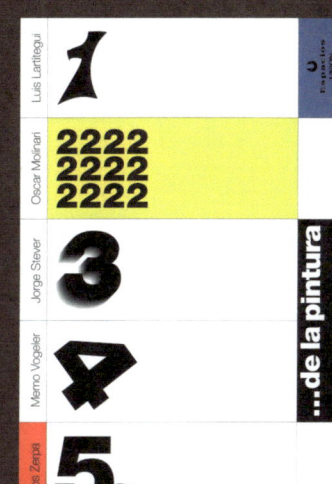

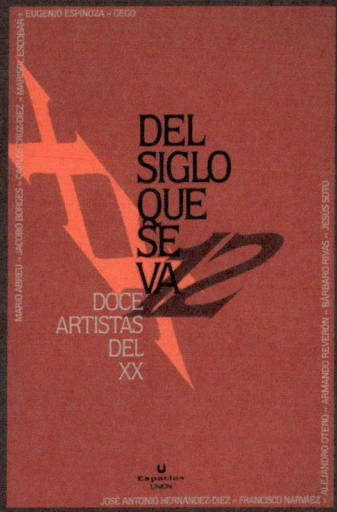

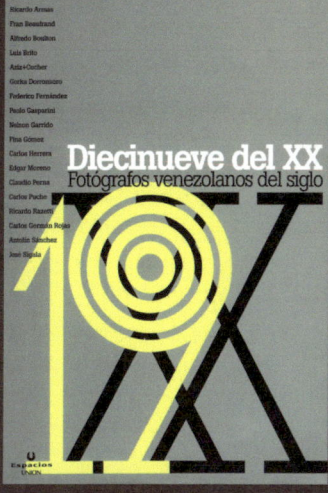

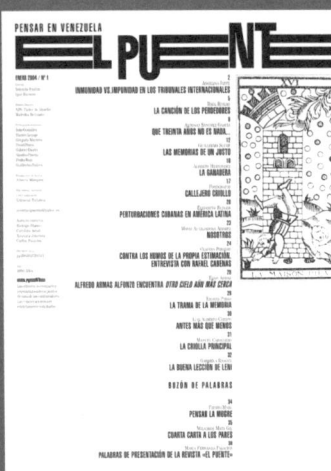
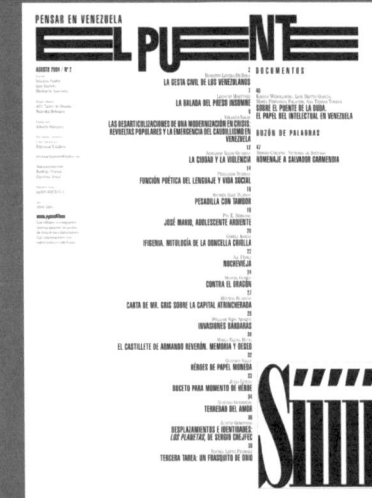
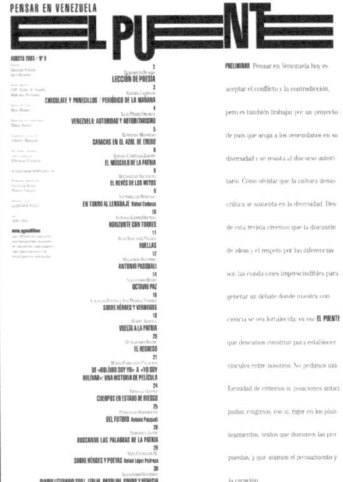
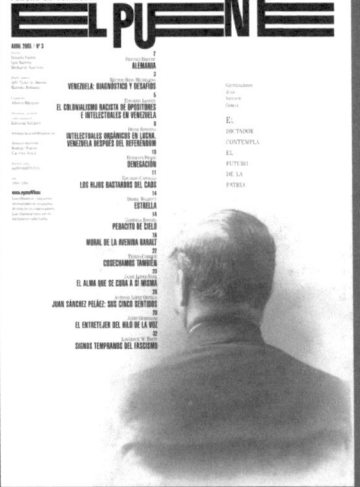

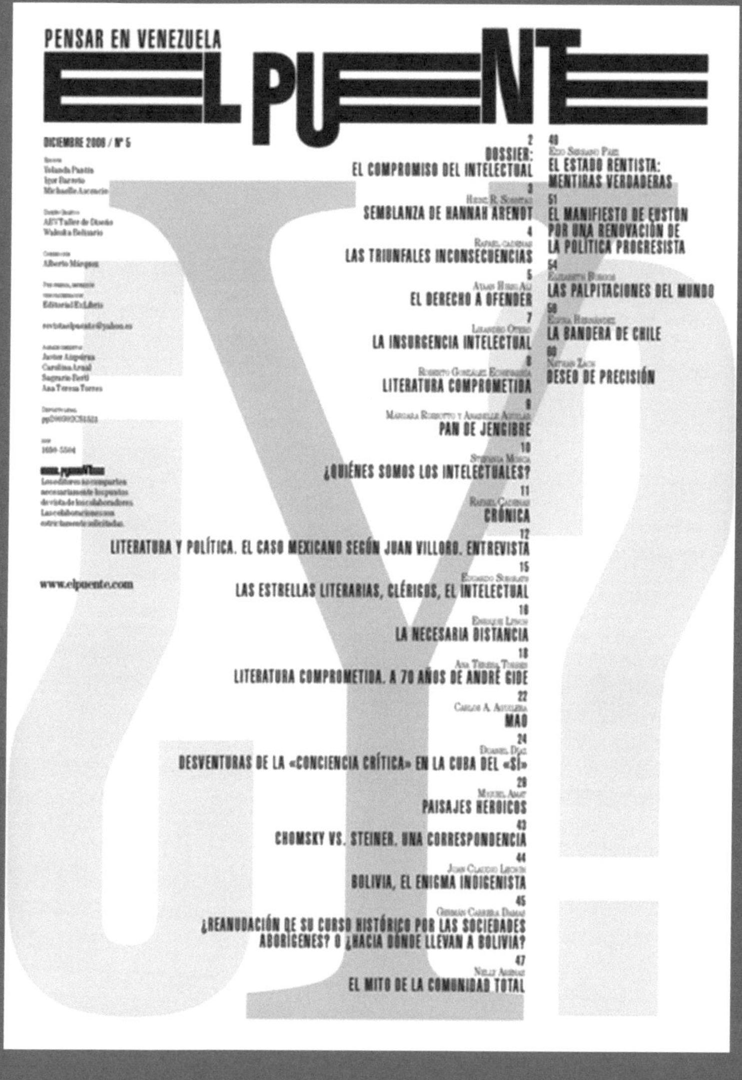

PENSAR EN VENEZUELA

EL PUENTE

DICIEMBRE 2006 / N° 5

Director
Yolanda Pantin
Igor Barreto
Michaelle Ascencio

Diseño Gráfico
AEV Taller de Diseño
Waleska Belisario

Corrección
Alberto Márquez

Pre-prensa, impresión
Editorial En Libris

revistaelpuente@yahoo.es

Asesores editoriales
Javier Aizpúrua
Carolina Arnal
Sagrario Berti
Ana Teresa Torres

Depósito Legal
pp200603CS1621

ISSN
1690-5504

www.elpuente.com
Los editores no comparten
necesariamente los puntos
de vista de los colaboradores.
Los colaboraciones son
estrictamente solicitadas.

www.elpuente.com

El Puente · Publicación literaria de resistencia a la dictadura en Venezuela · 2003 / 2017

CONSTRUCT / CONSTRUIR

Perhaps one of the most profound and enduring aspirations that have marked the paths of graphic design as an art and craft over time is precisely its experimental and open-minded nature, fuelled by an inherent need to exist and build diverse paths and be understood as a whole. [...] Waleska Belisario is a comprehensive creator who has embraced various disciplines with determination and depth to revolutionise traditional forms of graphic design and bring it to the forefront of design and art in multiple projects.
—Lorena González Inneco

Tal vez uno de los anhelos más recónditos y sostenidos que han marcado los caminos del diseño gráfico como arte y oficio a través del tiempo es, con precisión, su intención experimental y abierta, abrigada por esa inherente necesidad de estar y construir caminos diversos y ser entendido como una totalidad. [...] Waleska Belisario es una creadora integral que ha abrazado con determinación y profundidad diversas disciplinas para revolucionar las formas tradicionales de la proyección gráfica y hacerla surgir hacia la confluencia del diseño y la obra en múltiples proyectos.
—Lorena González Inneco

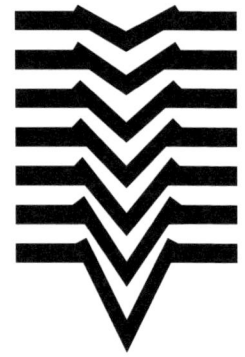

OSAV · Organización sobrecargos Aerolínea Viasa · 1994

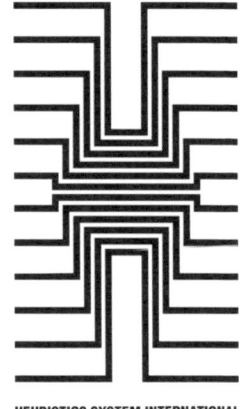

HEURISTICS SYSTEM INTERNATIONAL

Heuristics Systems International · 1984

NOV
2 0 1 2

SAB 6PM 12 AM
DOM 11AM 6 PM
EL HATILLO CARACAS

Hatill arte
noche de galerías

COMPETENCE / CAPACIDAD

Tools are the vehicle for expressing creativity. Computers have simplified our work and helped us to have more time to create. I am a friend of technology, so I am very happy to belong to this era. However, without preparation, a computer is just an empty box. What I am most excited about is the ability to multiply solutions and expand the responses to design requirements.

Las herramientas son el vehículo para exteriorizar el acto creativo, la computadora nos simplificó la tarea, nos ayuda a tener más tiempo para crear. Soy amiga de la tecnología, así que me siento muy contenta de pertenecer a esta época. Sin embargo, sin preparación, la computadora es una caja vacía. Lo que veo con más entusiasmo es la capacidad de multiplicar las soluciones, ampliar las respuestas a los requerimientos del diseño.

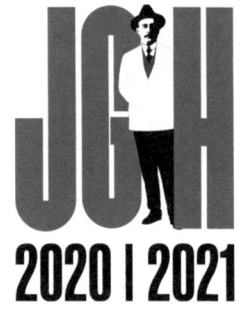

1

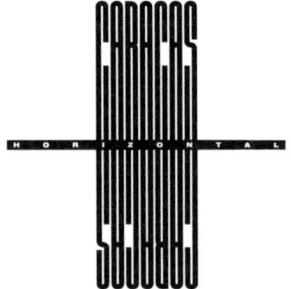

2

3

(1) José Gregorio Hérnández · Emblema de la beatificación, 2021 (2) Caracas Horizontal · Reflexiones y visiones de un grupo de creadores venezolanos en torno a la ciudad · 2013 (3) ABV Taller de Diseño · 1989 (4) Museo de la historia · Consejo Nacional de la Cultura · 2002 (5) Alcaldía Metropolitana de Caracas · 2009

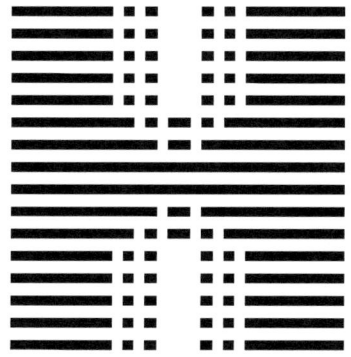

4

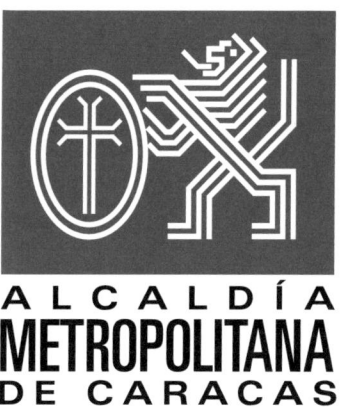

5

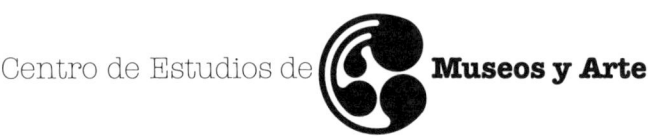

Centro de Estudios de **Museos y Arte**

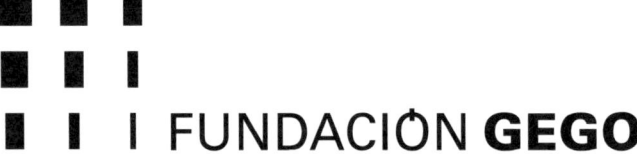

FUNDACIÒN **GEGO**

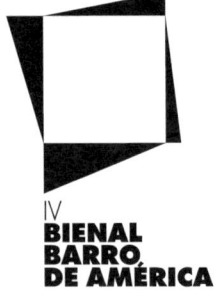

IV
**BIENAL
BARRO
DE AMÉRICA**

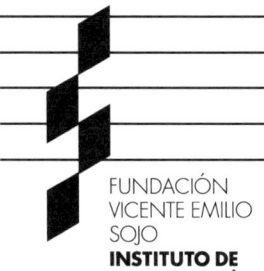

FUNDACIÓN
VICENTE EMILIO
SOJO
**INSTITUTO DE
MUSICOLOGÍA**

3

4

1

2

(1) Cedema · Centro de Estudios de Museos y Arte · 2007 (2) Fundación Gego · 2009 (3) Bienal del Barro de América ·
Cerámica · 2001 (4) Fundación Vicente Emilio Sojo · Escuela de música · 2001

(5) Trienal de Investigación · Facultad Arquitectura Urbana · UCV · 2010 (6) ONG · Organización Nelson Garrido · 2006 (7)
Teatro Teresa Carreño · 1993 (8) Kuaimare · Red de Librerías · 2003 (9) ONG · 500 Años · Organización Nelson Garrido · 2004

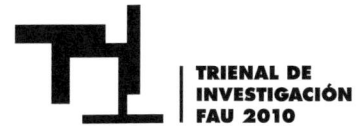

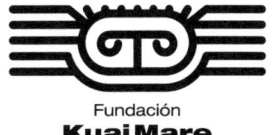

5

8

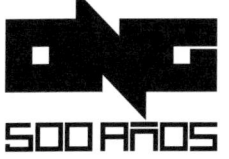

6

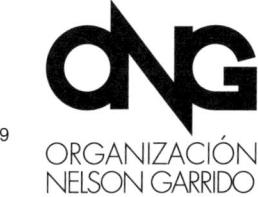

9

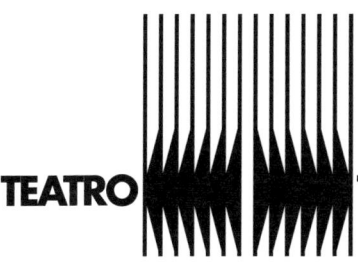

7

EVOLUTION / EVOLUCIÓN

For example, Japanese people must learn to draw in order to write their ideograms. Their environment is fundamentally aesthetic and simple; their way of life and ideology make their environment beautiful and mystical. If we all thought like designers, seeking excellence and beauty, we would be surrounded by a different reality. The fact that everyone has the ability to take photos, thanks to new devices, does not trivialise photography or the professionalism of photographers; design is a strange profession that now has many faces, but for me, it is evolution!

Por ejemplo, los japoneses deben aprender a dibujar para poder escribir sus ideogramas. Su entorno es fundamentalmente estético, simple, su forma de vida e ideología hacen de su entorno algo bello, místico. Si todos pensáramos como diseñadores, buscando la excelencia y la belleza estaríamos rodeados de otra realidad. El hecho de que todo el mundo tenga capacidad de tomar fotos, gracias a los nuevos dispositivos, no trivializa la fotografía ni el profesionalismo de fotógrafo; el diseño es una extraña profesión que ahora tiene varias caras, ¡para mí es la evolución!

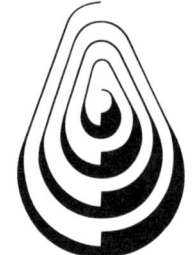

1

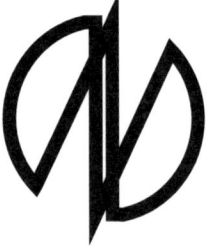

2

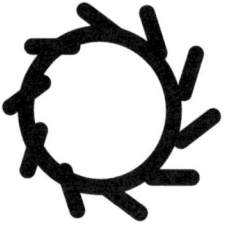

3

(1) Helicoide · Proyecto Cultural · s.f. (2) Bienal de Oriente · Artes plásticas · 1996 (3) Caraballeda · Club de mar · 1996 (4) Kaury Ramos · Comunicadora social · 2016 (5) Proyecto Alejandro Otero · 2010 (6) Operación Reverón · Proyecto para la recuperación del Castillete de Armando Reverón · 1999 (7) Emblema cuadrado · 2015 (8) Contexto Taller de Diseño · Grupo constituido por Oscar Vásquez, Sigfredo Chacón, Víctor Hugo Irazábal, Waleska Belisario, Mercedes Madrid y Waleska Belisario · 1985 (9) Casa Rómulo Gallegos · Fundación Centro de Estudios Latinoamericanos Rómulo Gallegos · 1985

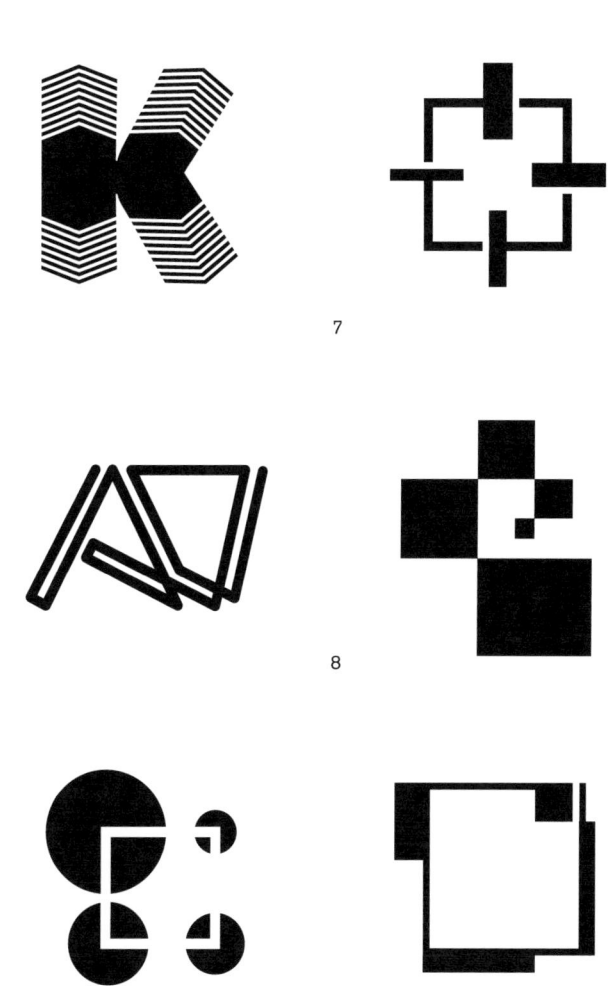

4

7

5

8

6

9

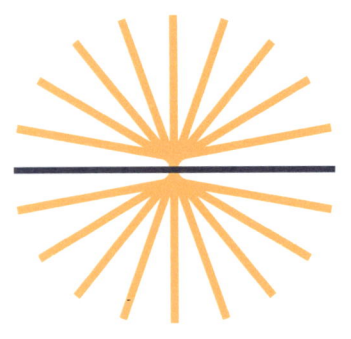

1

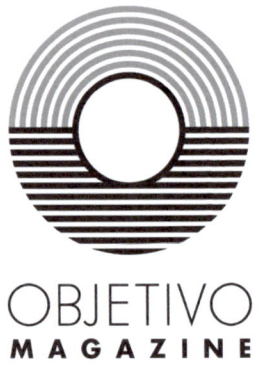

OBJETIVO
MAGAZINE

3

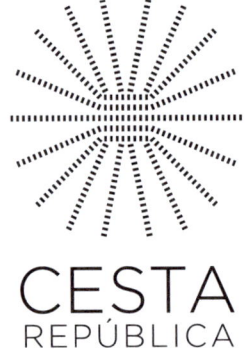

CESTA
REPÚBLICA

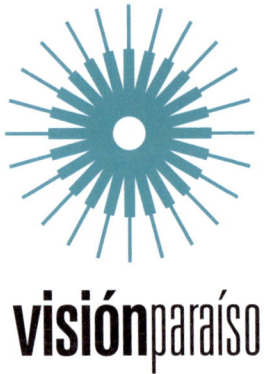

visiónparaíso

2

4

(1) Filcar · Feria del libro del Caribe, Margarita · 2013 (2) Cesta República · Proyecto para celebrar el arte y la artesanía de la fibra y el encuentro entre culturas · 2016 (3) Objetivo Magazine · Revista digital de fotografía · 2017 (4) Visión Paraíso · Clínica oftalmológica · 2014 (5) IUESAPAR · Instituto de Artes Plásticas · 1991

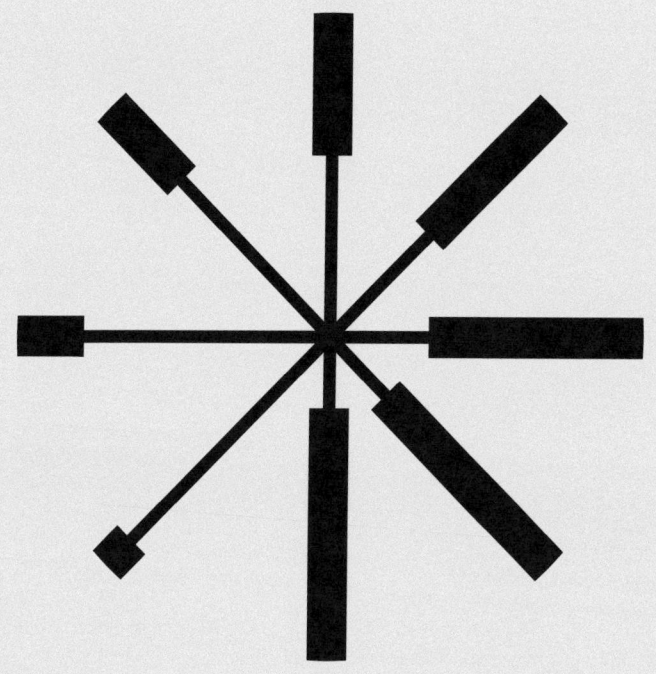

5

RESULTS / RESULTADOS

History is what it is. What underpins my work is always coming up with something different, something that breaks with the established or expected, something that impresses and remains etched in the memory. The outcome of projects cannot escape the environment and the client's needs. I believe that every solution responds to a specific time, from which none of us can escape. Therefore, I don't think I would change any of my previous work at all. In any case, I would create a version of the project or a new proposal that is in line with the current moment.

La historia es lo que es.
Lo que fundamenta mi trabajo es plantearme siempre algo distinto, que rompa con lo establecido o esperado, que impresione y quede grabado en la memoria. El resultado de los proyectos no escapa al entorno y las necesidades del cliente. Creo que cada solución responde a un tiempo determinado, del que ninguno tenemos la posibilidad de escapar. Por lo tanto me parece que no cambiaría en absoluto trabajos anteriores. En todo caso, haría una versión del proyecto o una nueva propuesta que coincida con el momento actual.

(1) Museo del Libro · 2021 (2) Taller del actor · 1980 (3) Vruminga · Grupo Inversionista · 2018 (4) Trópico Absoluto · Revista cultural · 2003 (5) Festicine Chamos · Proyecto de Cine · 2017 (6) Veterinaria Mordisco · 2001

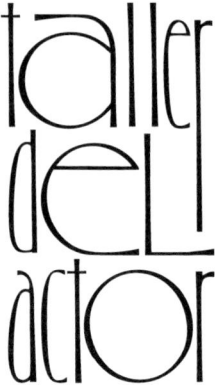

MUSEO DEL LIBRO
VENEZOLANO

1

taller del actor

2

3

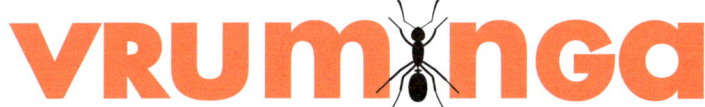

4

TRóPICoABSºLUTº

5

FESTICINECHAMOS

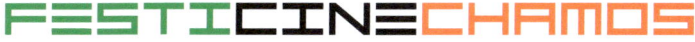

6

Mordisco

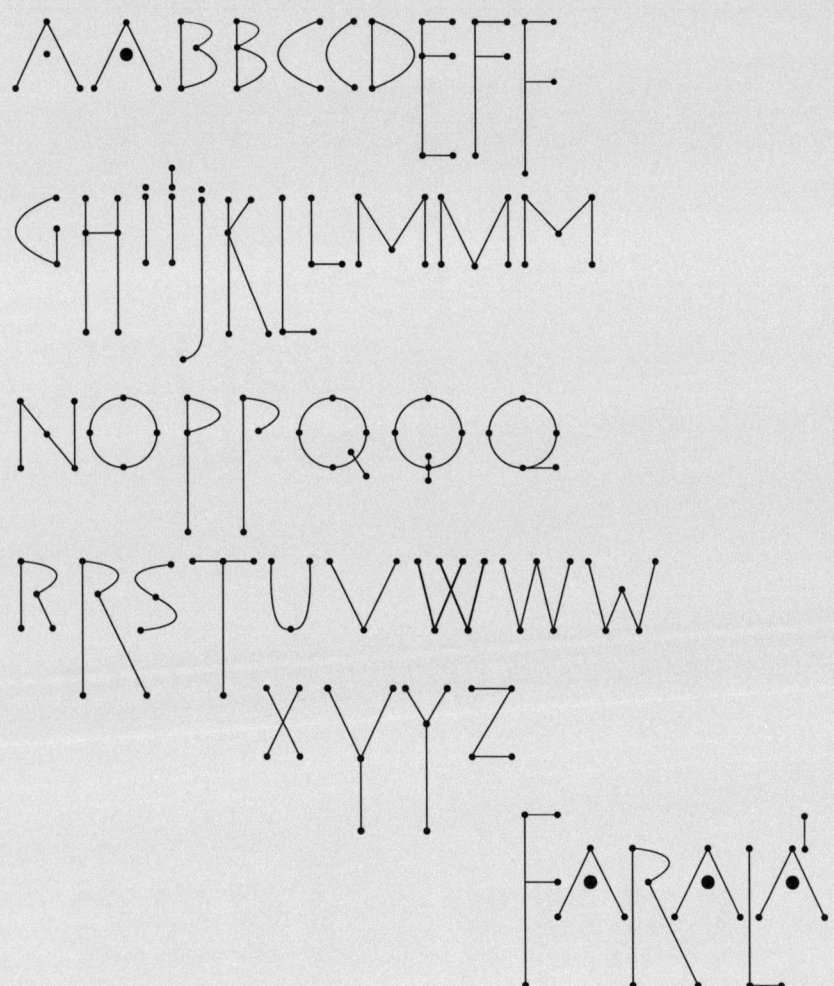

abcdefghijKlmn
ñopqrstuvwzyx

∴ .:; ‹ › ❋ ᵃᵒᵉ ——— $ ¢ € ¥

1 1 3 2 4 5 6 7 8 9 0

@©®çœæ¡¿&()[]¿?/

allan sans

ABCDEFGHIJKLMNOOPQRSTUVVWXYZ

abcdefghijklmnopqrstuvvwxyz

1234567890

Letras Largas · 1982

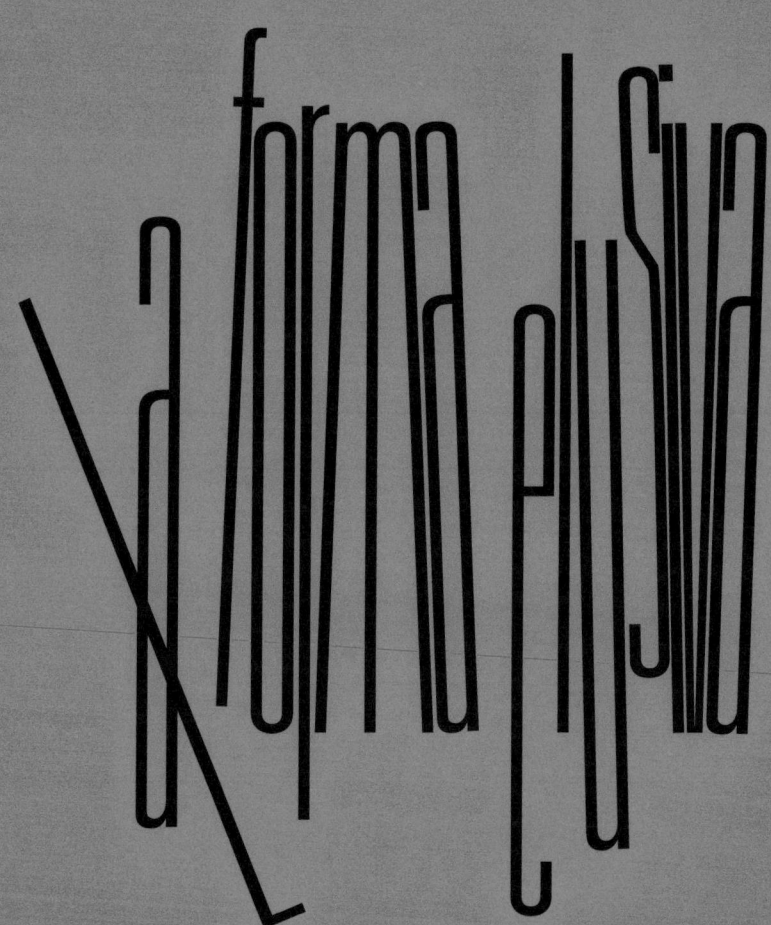

49

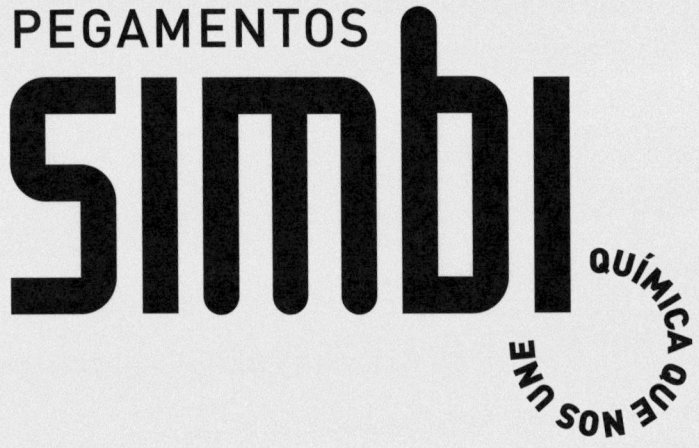

PEGAMENTOS

simbi

QUÍMICA QUE NOS UNE

abcdefghijklmn
opqrstuvwxyz

abcdefg

hijkkkum

nqporst

uvwxyz

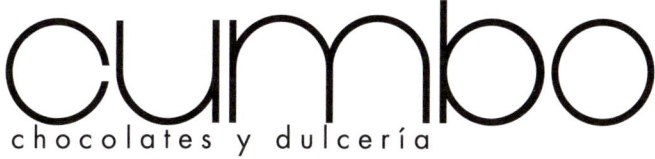

cumbo
chocolates y dulcería

1234567890

abcdefghhijklmnn

opqrstuvwxyz

Master : Waleska Belisario

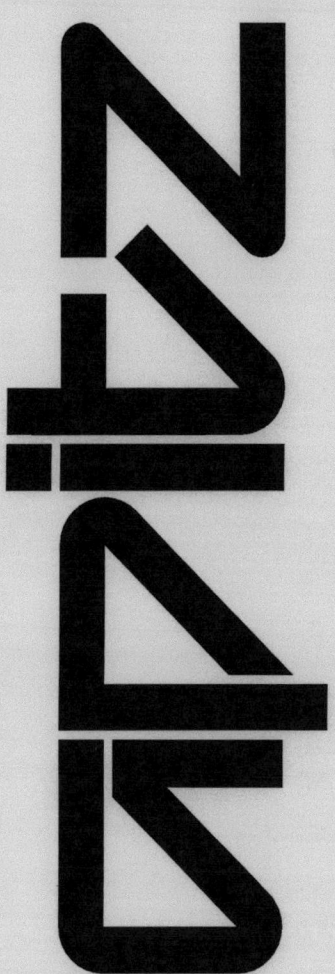

CULTURE / CULTURA

Venezuela did not have any magazines specialising in design, but fortunately, it had a significant cultural openness. Bookshops imported magazines from all areas of knowledge. I remember that half of my salary at that time was spent on books and magazines, and among the most consulted were Graphis, Communication Arts, Novum, and U&lc. On one occasion when we went to New York, we took our portfolio to Graphis magazine, and they published it (issue 297, vol. 51, article *South American Vanguard*, written by Rynn Williams).

Venezuela no contaba con revistas especializadas en diseño pero, afortunadamente, tenía una apertura cultural importante. Las librerías importaban revistas de cualquier área del conocimiento. Recuerdo que la mitad de mi salario de esa época lo tenía destinado al consumo de libros y revistas, y entre las más consultadas estaban Graphis, Comunication Arts, Novum y U&lc. En una oportunidad que fuimos a Nueva York llevamos nuestro portafolio a la revista Graphis, y lo publicaron (edición 297, vol. 51, artículo *South American Vanguard*, escrito por Rynn Williams).

(1) Fundación Salvador Garmendia · 2006 (2) Ciudad de las Artes · Espacios que promueven la expresión artística y cultural en diferentes áreas · 2011 (3) Inés Quintero · Historiadora · 2008 (4) Contrabando · Cabezal para revista 2007 (5) Fundación Moises Moleiro · 2006 (6) Onoto Digital · Revista digital de fotografía · 2007

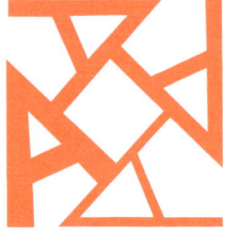

1

2

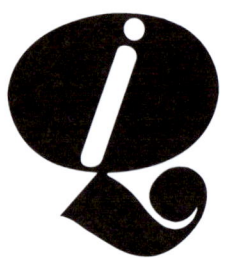

3

contrabando

4

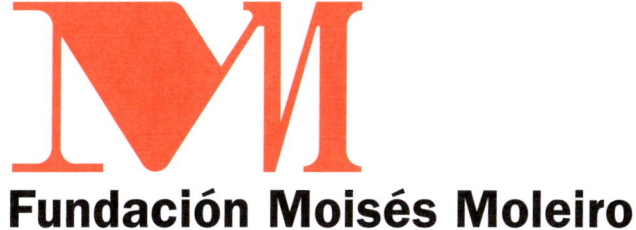

Fundación Moisés Moleiro

5

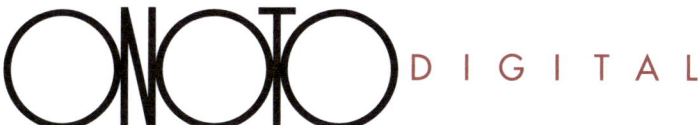

6

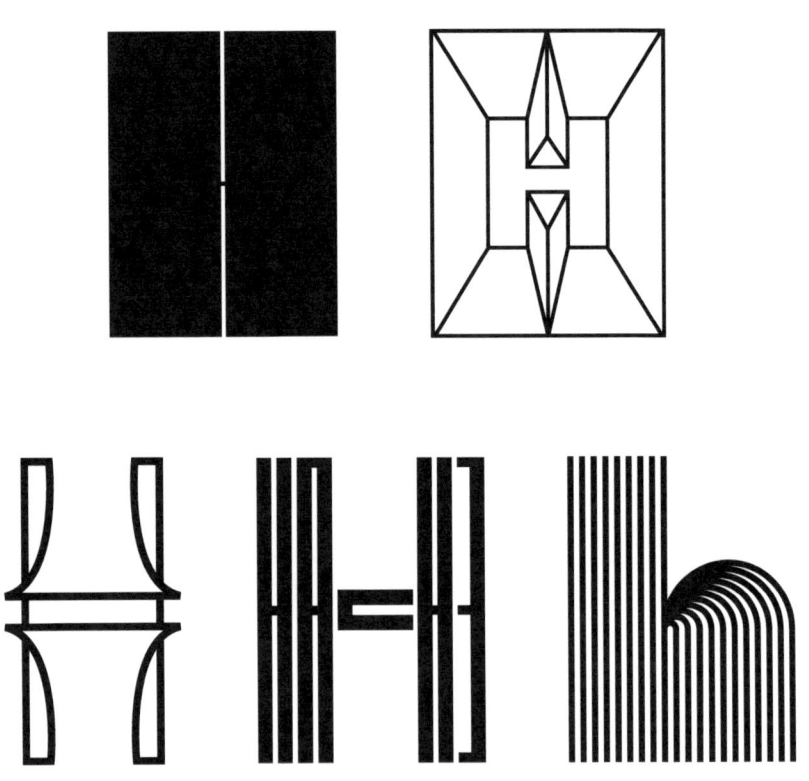

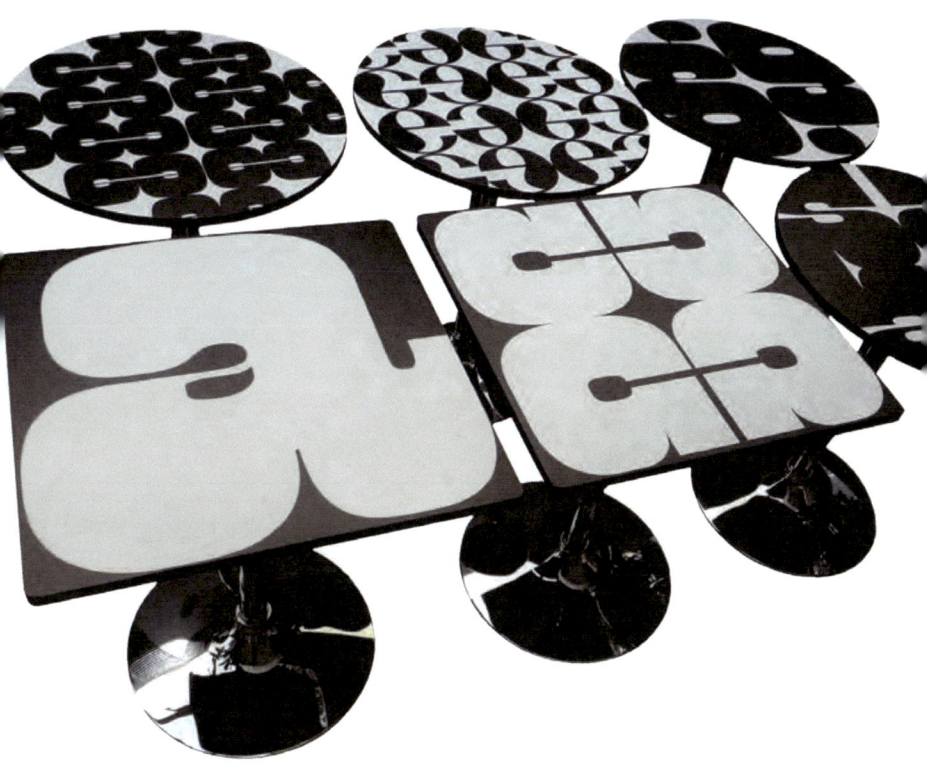

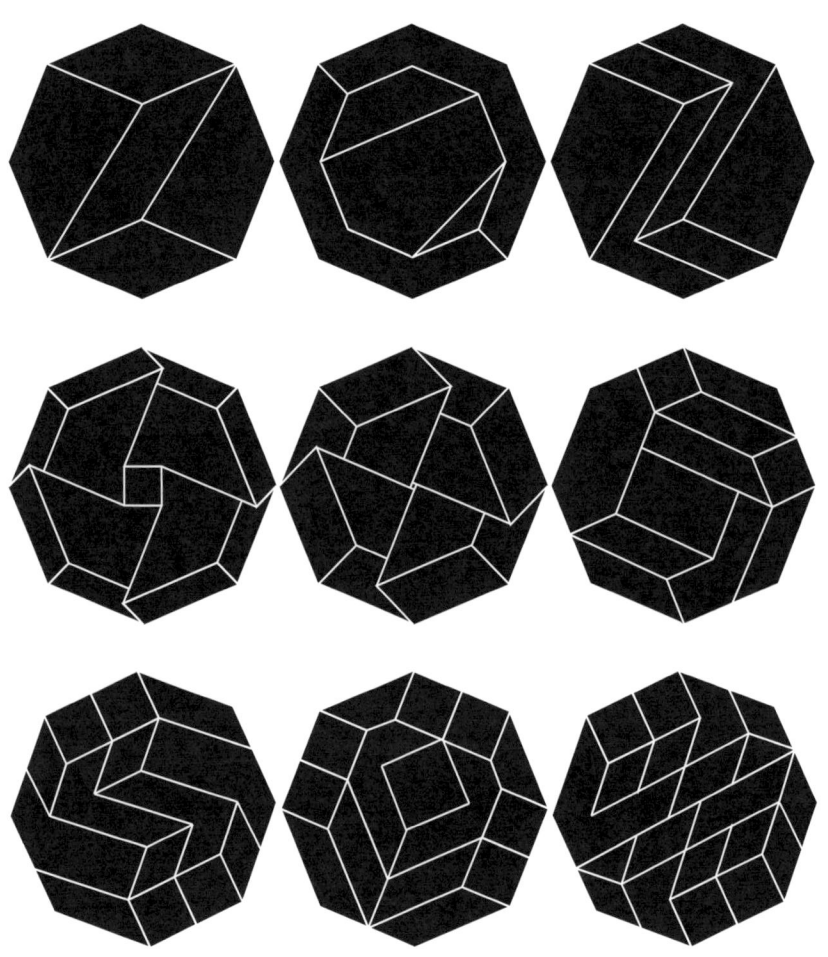

Master : Waleska Belisario

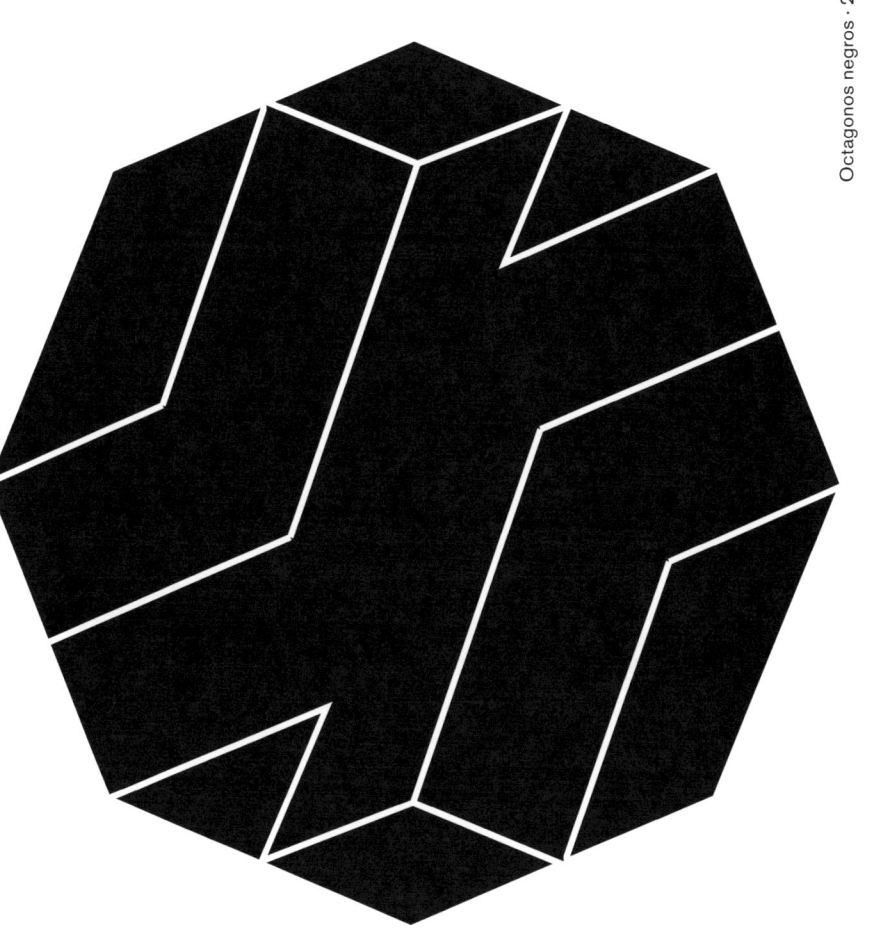

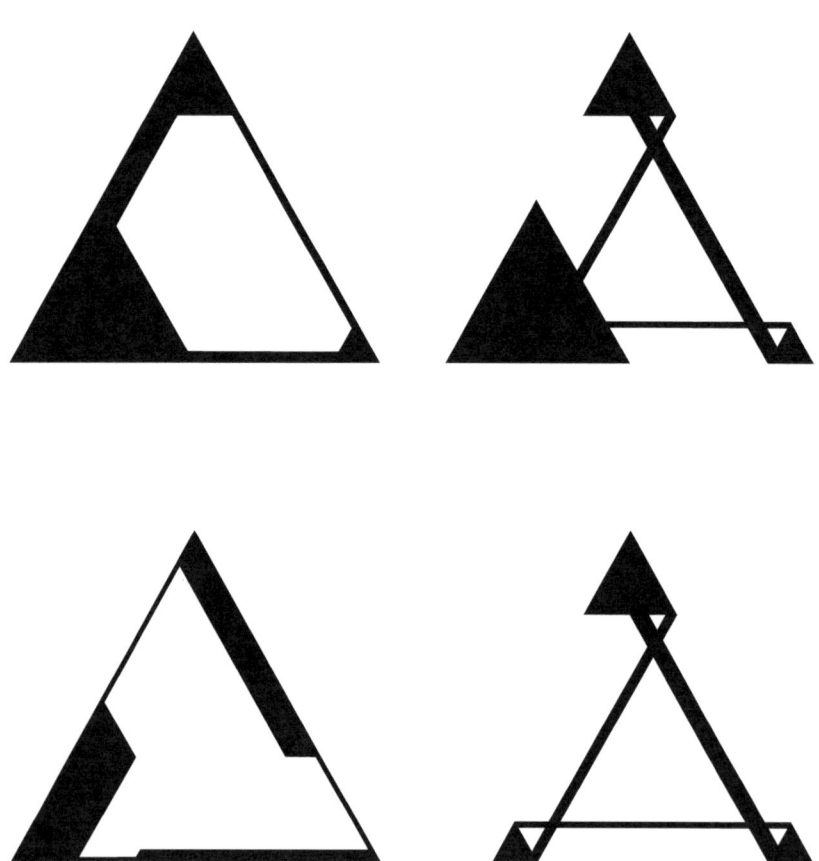

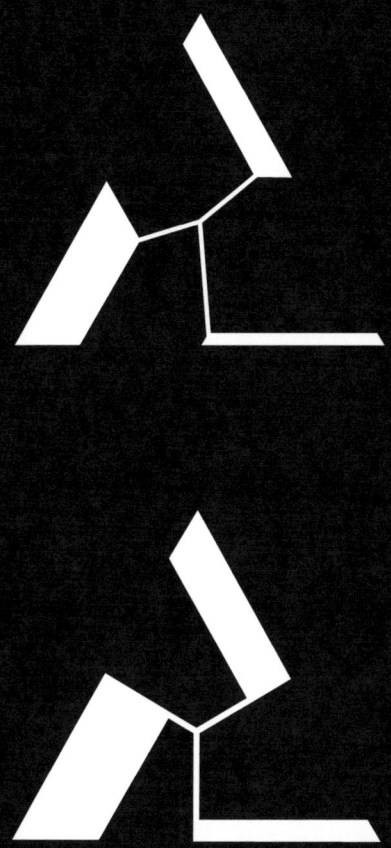

NAVIGATING / NAVEGAR

Waleska, one of the founders and leading figures of the important ABV workshop [...] always had a penchant for navigating between, so to speak, the prominence of the straight line (such as Helvetica and its counterparts) and the voluptuousness of the curvilinear (such as Bodoni). Her past includes significant creators such as Leufert (the Nenias), Nedo (the Metasignosis) and Vásquez (the three-dimensional poster). You have to be a little older to even remember the work of transformations presented by Álvaro Sotillo at the Ateneo de Caracas. —Lourdes Blanco

Waleska, una de las fundadoras y protagonista del importante taller ABV [...] siempre tuvo esa inclinación por navegar entre, por así decir, el protagonismo de la línea recta (como la Helvética y sus semejantes) y la voluptuosidad de la curvilínea (como la Bodoni). En su pasado cuentan significativamente creadores como Leufert (las Nenias), Nedo (la Metasignosis) y Vásquez (el cartel tridimensional). Hay que ser un tanto mayor para incluso recordar la obra de transformaciones presentada por Álvaro Sotillo en el Ateneo de Caracas. —Lourdes Blanco

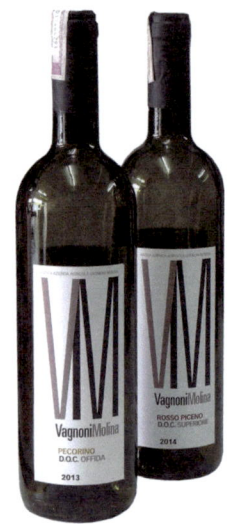

Antica Azienda Agricola Vagnoni Molina · 2014

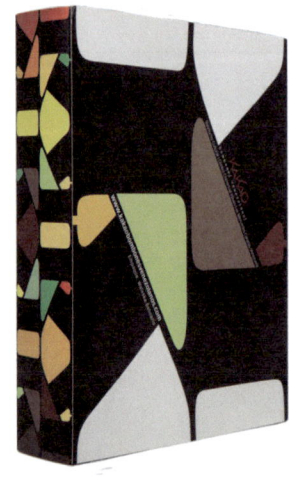

Kakao · Bombones venezolanos · s.f.

Kakao · Bombones venezolanos · Ilustración: Lucho Rodríguez · 2006

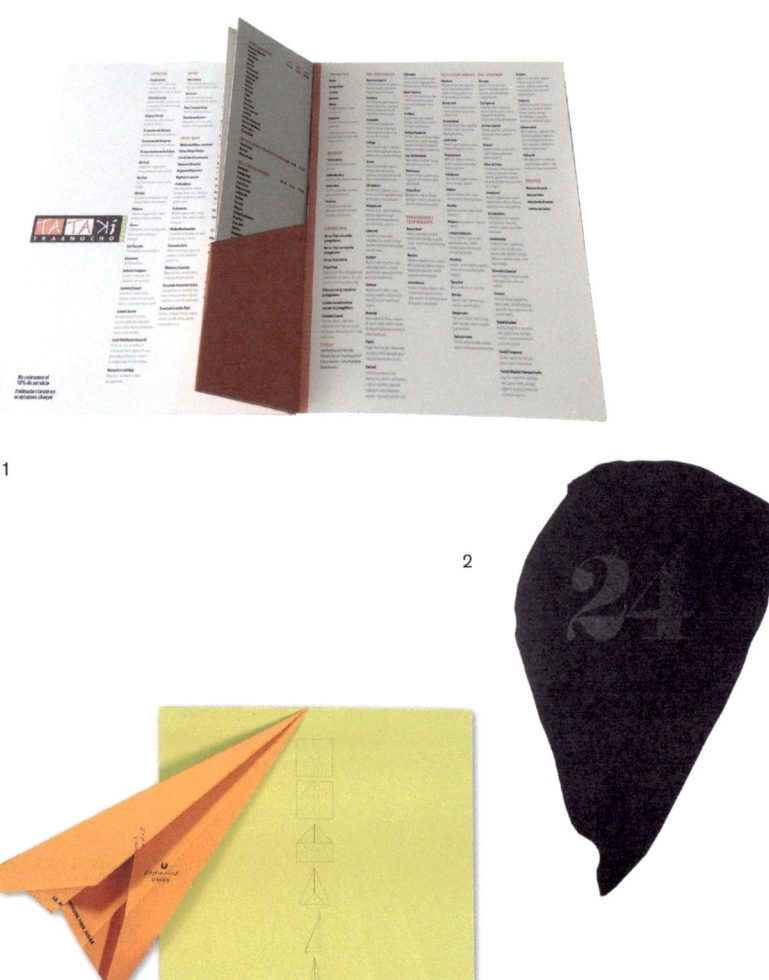

64   Maestra : Waleska Belisario

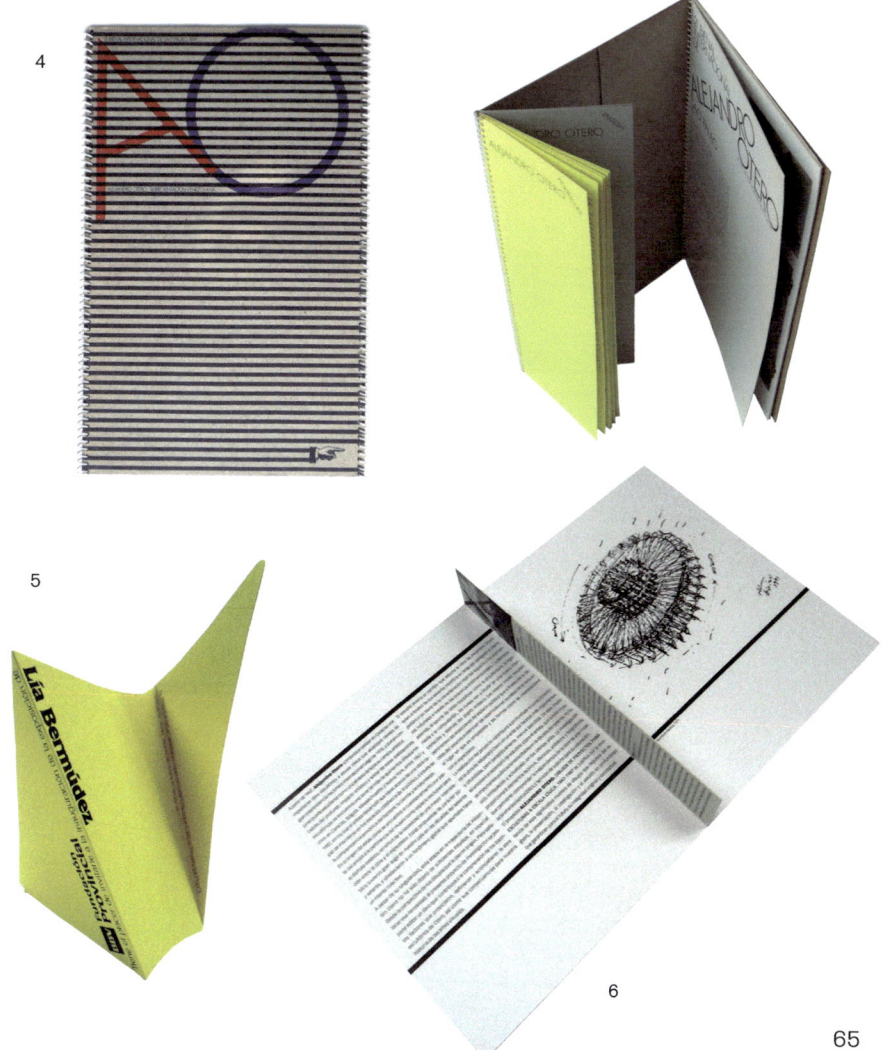

4

5

6

CHANGES / CAMBIOS

I believe that the changes that have taken place are so significant that we are not yet able to analyse them. When we interact with young people, with our own children, we realise that they are interested in information and knowledge, but their way of processing information is definitely different from ours. Information can be accessed more quickly through multiple media from many points, and even language is no longer a barrier. Their interests may be different; everything has evolved very quickly.

Creo que lo cambios que han ocurrido son tan grandes que todavía no tenemos capacidad para analizarlos. Cuando interactuamos con los jóvenes, con nuestros propios hijos, nos damos cuenta de que sí tienen interés por tener información y conocimiento, solo que su manera de procesar la información es definitivamente distintas a la nuestra. Se tiene acceso a la información más rápido por múltiples medios desde muchos puntos, ya ni siquiera el idioma es un obstáculo. Posiblemente los intereses son otros, todo ha evolucionado muy rápidamente.

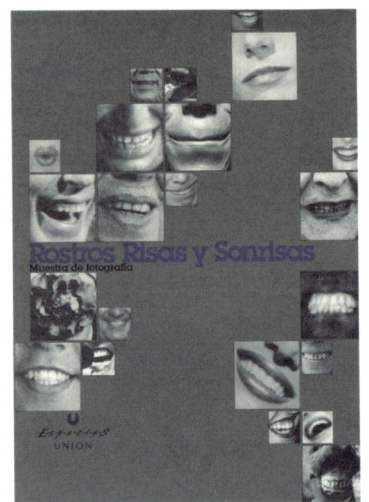

Catálogo · Espacios Unión · 1993

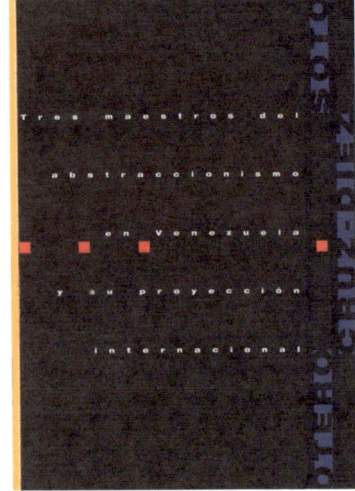

Catálogo · GAN · 1994

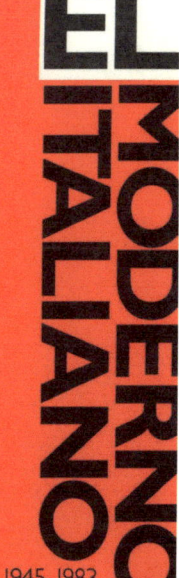

Catálogo · Ediciones María Di Mase · 1992

EL MODERNO ITALIANO

1945-1983
EN
COLECCIONES
VENEZOLANAS

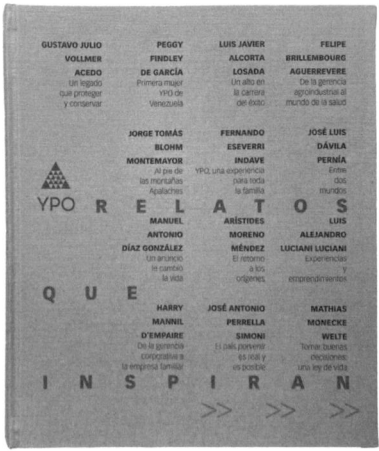

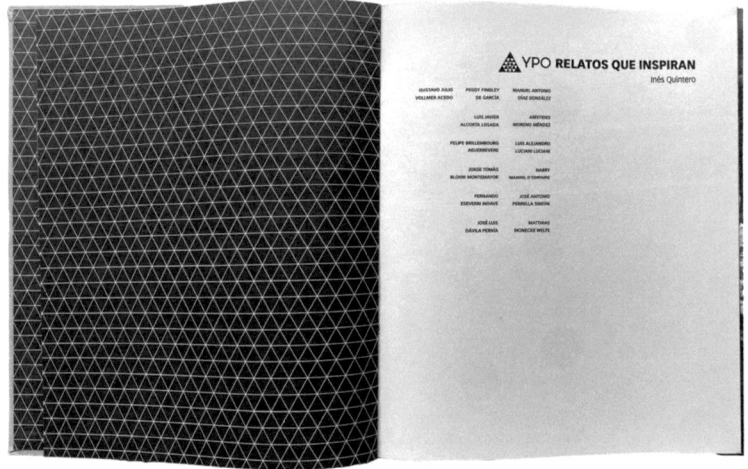

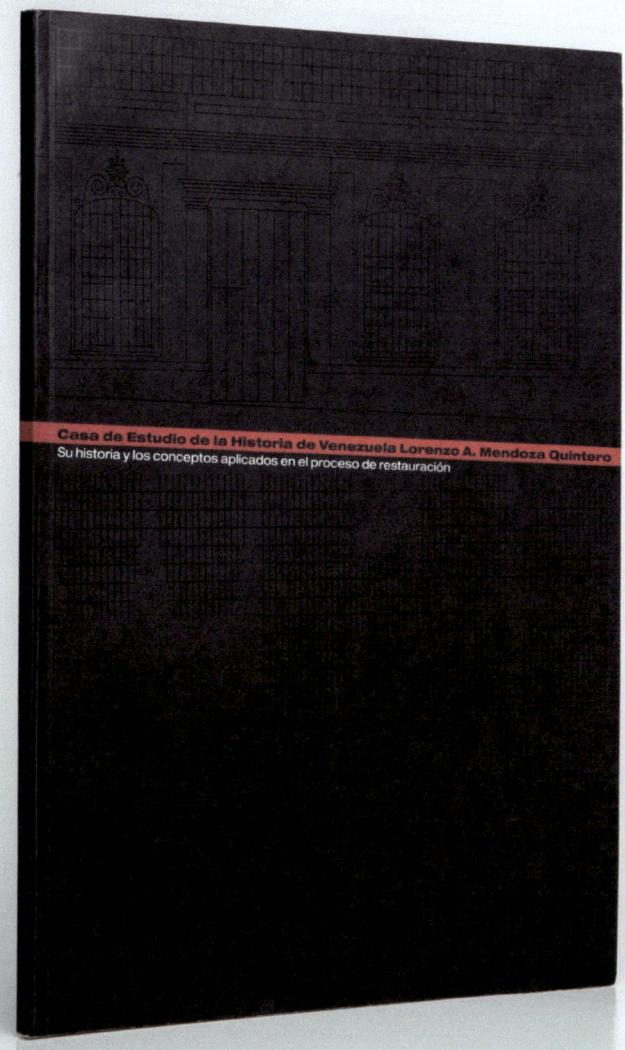

Casa de Estudio de la Historia de Venezuela Lorenzo A. Mendoza Quintero
Su historia y los conceptos aplicados en el proceso de restauración

SWIMMING / NADAR

Designing publications, in general, is a wonderful experience from many points of view: the content of the publication, its particular demands in terms of content development, the author, the challenges it presents; but designing a catalogue or art or photography book is part of being connected to the medium in which we develop as professionals, it is like swimming in a river of clear waters.

Diseñar publicaciones, en general, es una maravillosa experiencia desde muchos puntos de vista: el contenido de la publicación, sus particulares exigencias en cuanto al desarrollo de los propios contenidos, el autor, los retos a los que te enfrenta; pero diseñar un catálogo o libro de arte o fotografía es parte de estar conectadas al medio en donde nos desarrollamos como profesionales, es como nadar en un río de aguas claras.

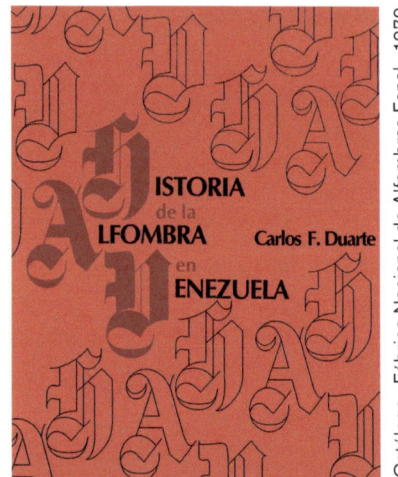

Catálogo · Fábrica Nacional de Alfombras Fanal · 1979

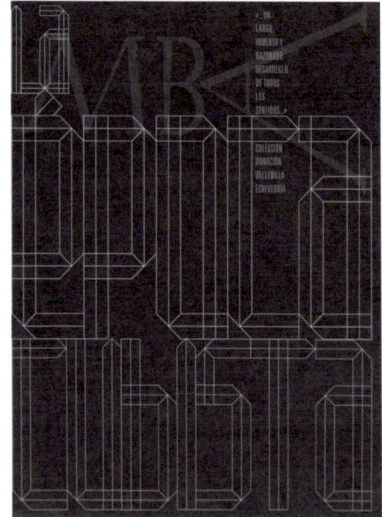

Catálogo · Museo de Bellas Artes de Caracas · 1988

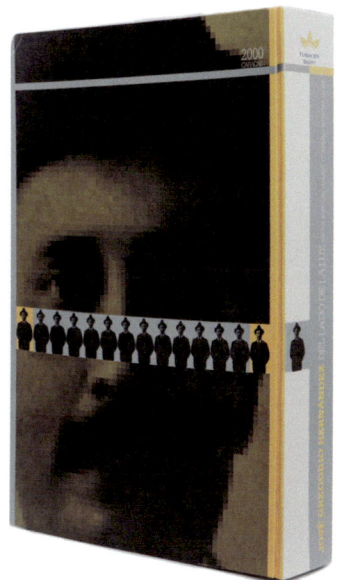

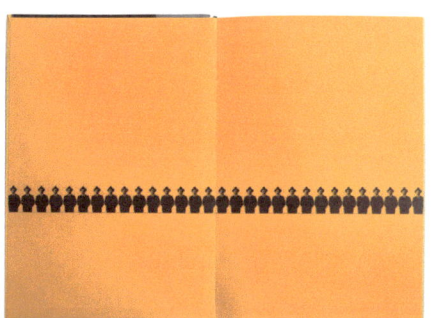

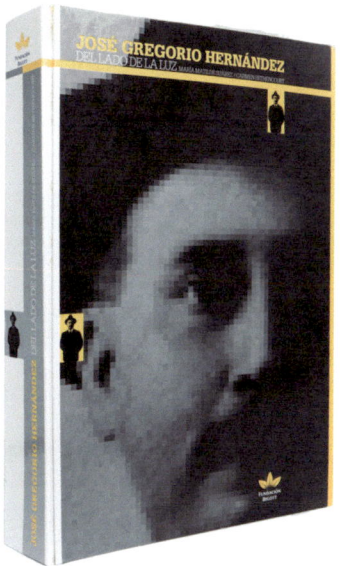

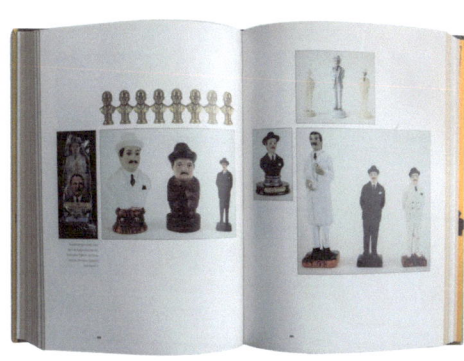

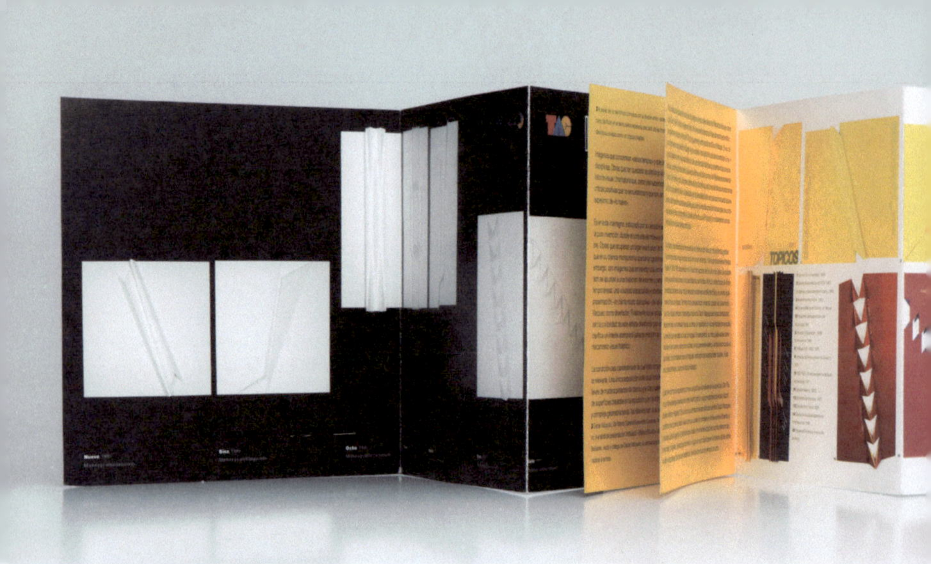

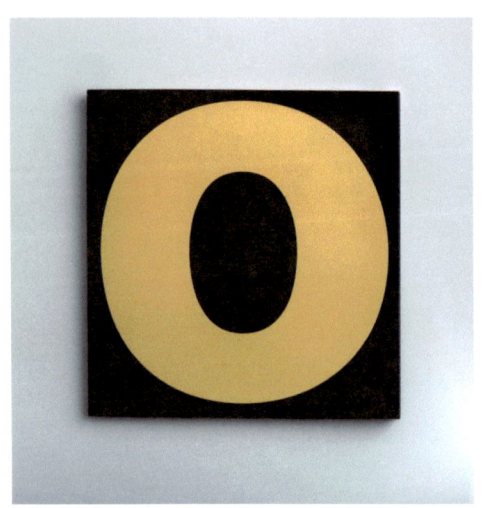

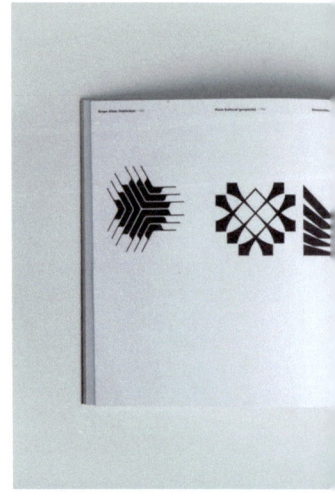

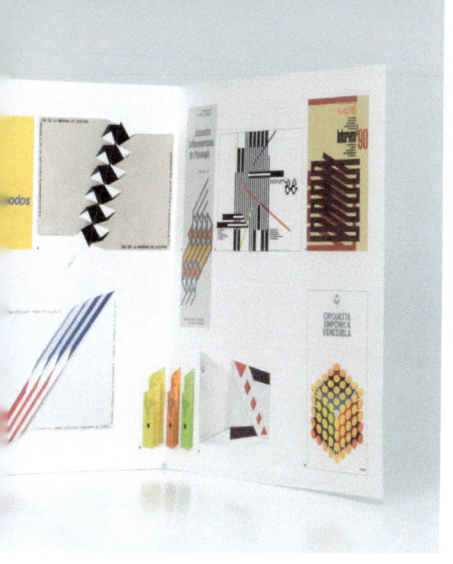

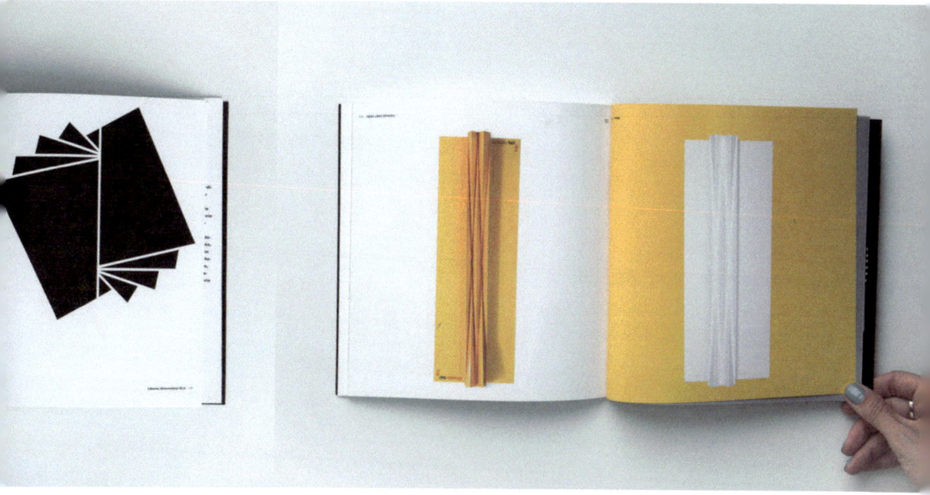

CHALLENGE / RETO

Graphic design in Venezuela has a definition of excellence that dates back to the beginnings of the professionalisation of the craft, thanks to the arrival of Larry Jung, Gerd Leufert and Nedo, and their contact with art and design schools in the country. Their influence, as well as that of the artists, intellectuals, and writers who participated in the creation of the Neumann Foundation Design Institute, gave these schools a mystique and seriousness in their approach [...] I believe that Venezuelans have the word 'challenge' deeply embedded in their DNA.

El diseño gráfico en Venezuela tiene una definición de excelencia que data desde los inicios de la profesionalización del oficio, gracias a la llegada de Larry Jung, Gerd Leufert y Nedo, y a su contacto con escuelas de arte y diseño en el país. La influencia de ellos, así como la de los artistas, intelectuales y escritores que participaron en la creación del instituto de Diseño Fundación Neumann hicieron que estas escuelas tuvieran mística y seriedad en sus planteamientos [...] creo que el venezolano tiene en su ADN la palabra reto muy incrustada.

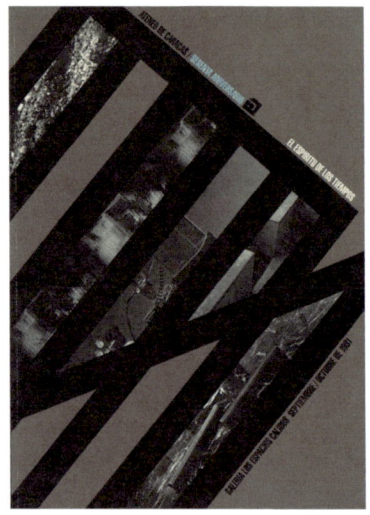

Catálogo · Ateneo de Caracas · 1991

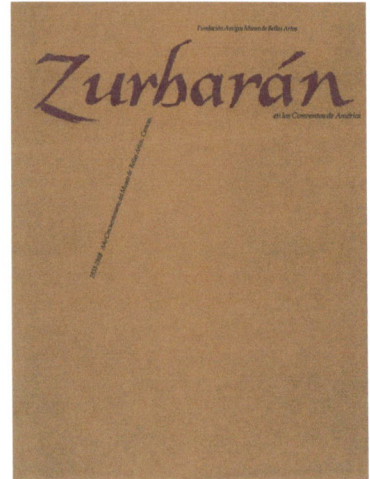

Catálogo · Fund. Amigos Museo de Bellas Artes · 1988

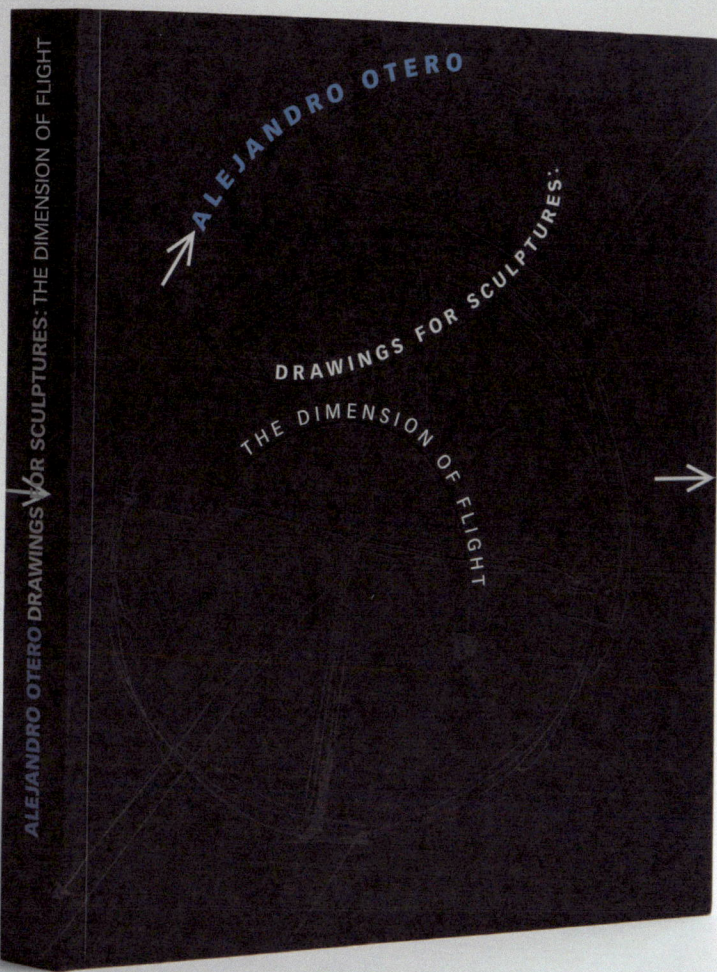

ALEJANDRO OTERO

DRAWINGS FOR SCULPTURES:

THE DIMENSION OF FLIGHT

ALEJANDRO OTERO DRAWINGS FOR SCULPTURES: THE DIMENSION OF FLIGHT

Catálogo · ArtesanoGroup Foundation / Fundación Otero Pardo · 2019

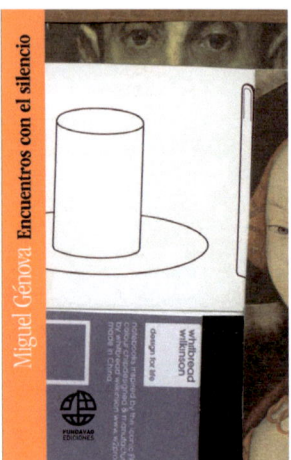

Miguel Génova **Encuentros con el silencio**

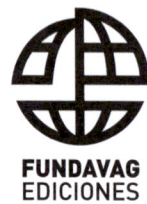

FUNDAVAG
EDICIONES

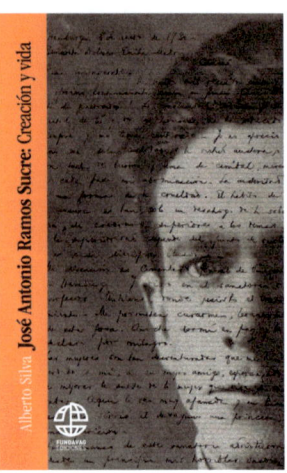

Alberto Silva **José Antonio Ramos Sucre: Creación y vida**

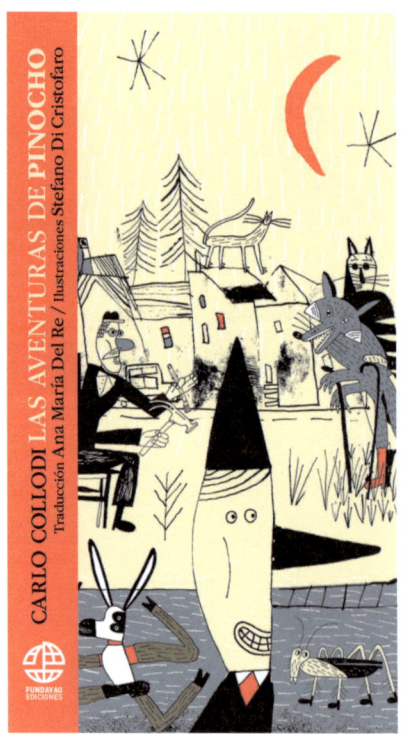

CARLO COLLODI **LAS AVENTURAS DE PINOCHO**
Traducción Ana María Del Re / Ilustraciones Stefano Di Cristofaro

Maestra : Waleska Belisario

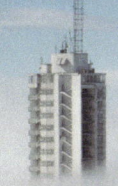

HOTEL HUMBOLDT
Un milagro en el Ávila

Joaquín Marta Sosa / Gregory Vertullo / Federico Prieto

Publicaciones para Fundavag Ediciones · s.f.

FUNDAVAG
EDICIONES

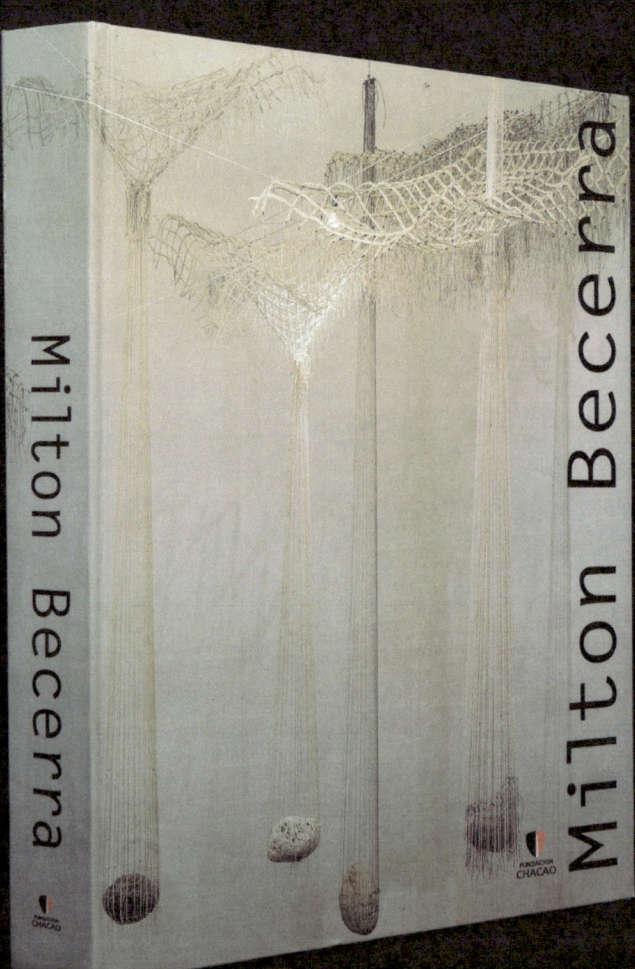

Milton Becerra

Milton Becerra

Master : Waleska Belisario

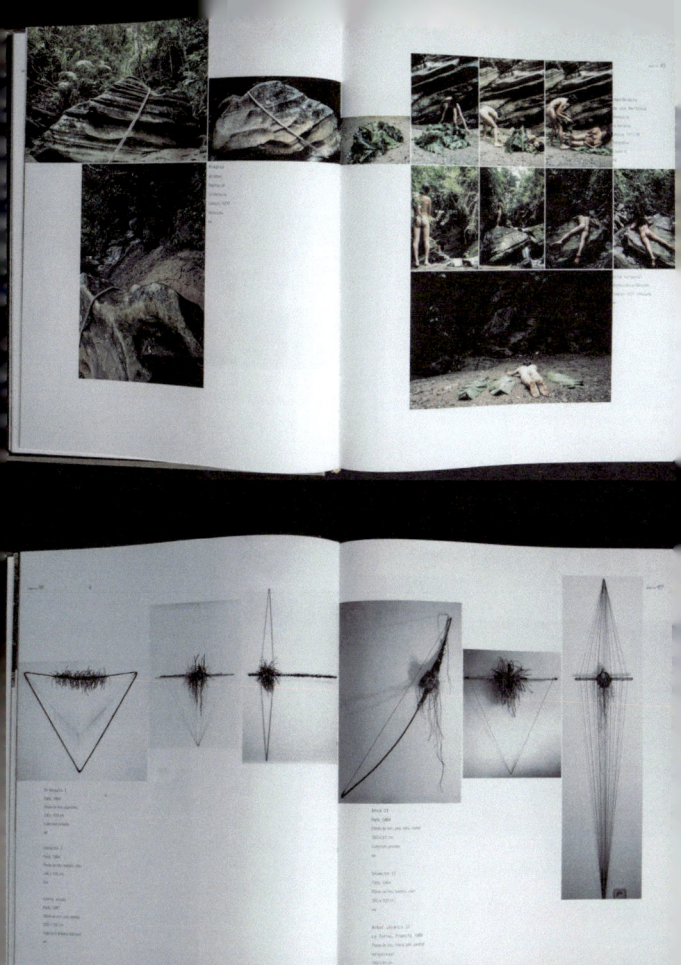

LANGUAGE / LENGUAJE

In a continuous quest to work on books from all angles, as objects of communication, we have also placed great importance on language-related aspects from the outset. Books are a unified whole, so it is not possible to have a good book with language problems. That is why, about eight years ago, we brought in Alberto Márquez, a language consultant and proofreader, who has helped us with his sharp mind to control and supervise our work from the workshop as a whole, including areas related to language.

En una continua búsqueda de trabajar los libros desde todos sus ángulos, como objetos de comunicación, también le hemos dado mucha importancia desde un comienzo a los aspectos vinculados con el lenguaje. Los libros son una unidad, de manera que no es posible un buen libro con problemas de lenguaje. Así que hace ya como ocho años incorporamos a Alberto Márquez, asesor de lenguaje y corrector, quien nos ha ayudado con su agudeza a controlar y supervisar desde el taller nuestros trabajos como una globalidad que cubre también las áreas vinculadas a la palabra.

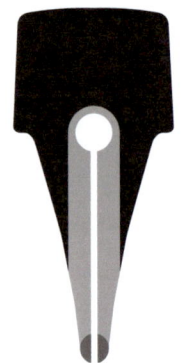

Fundavag · 2016

Premio
Franco-Venezolano
a la
**Joven
Vocación
Literaria**

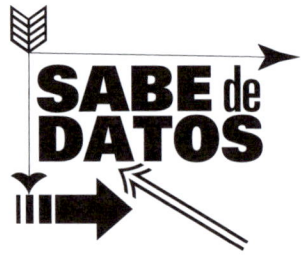

Software · 1997

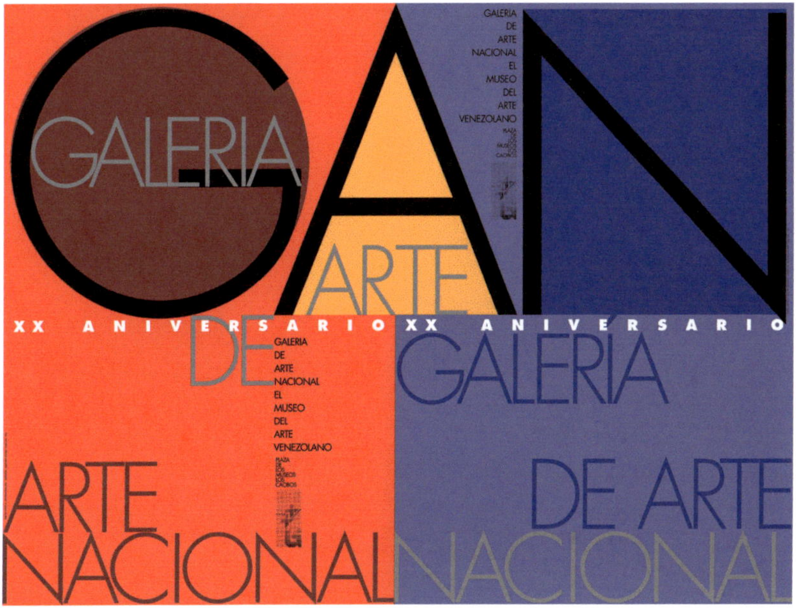

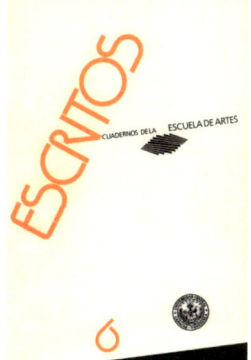

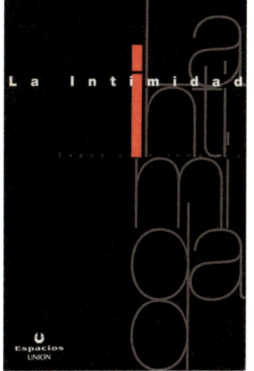

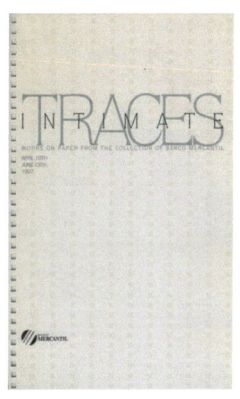

Cartel · GAN · 1996

Catálogo · Banco Mercantil · 1997

Publicación · s.f. | Catálogo · Espacios Unión · s.f. | Catálogo · Banco Mercantil · 1997

PLAY / JUEGO

My contribution to ABV goes in two directions: from a professional point of view, with an emphasis on typographic work, an interest I have had since I was very young and which has materialised both in my work as a designer and in visual research on the border between design and the visual arts, represented in the *Pordós* exhibition (Galería Alternativa), Caracas. I also dare to think that there is a fortunate combination of intuition and improvisation in my work, and that harmonious combination determines a willingness to play that prevents me from stopping designing.

Mi aportación a ABV va en dos direcciones: desde el punto de vista profesional con la acentuación del trabajo tipográfico, un interés que he tenido desde muy joven y se ha materializado tanto en mi desempeño propiamente como diseñadora, así como en investigaciones visuales en la frontera entre el diseño y las artes visuales, representado en la muestra *Pordós* (Galería Alternativa), Caracas. Asimismo, me atrevo a pensar que hay en mi trabajo una afortunada conjunción entre intuición e improvisación, y esa armónica reunión determina una disposición al juego que me impide dejar de diseñar.

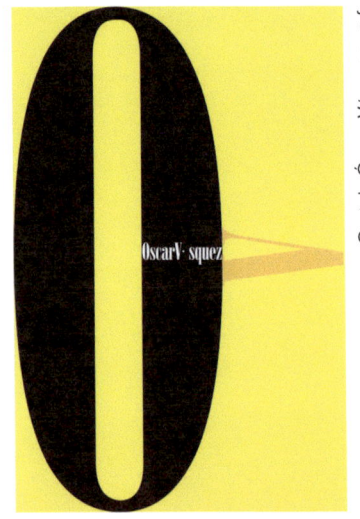

Cartel · Óscar Vásquez · s.f.

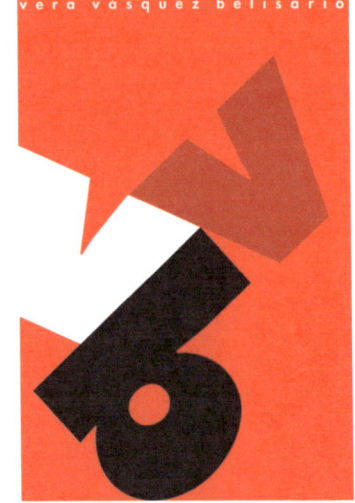

Cartel · Vera Vásquez · s.f.

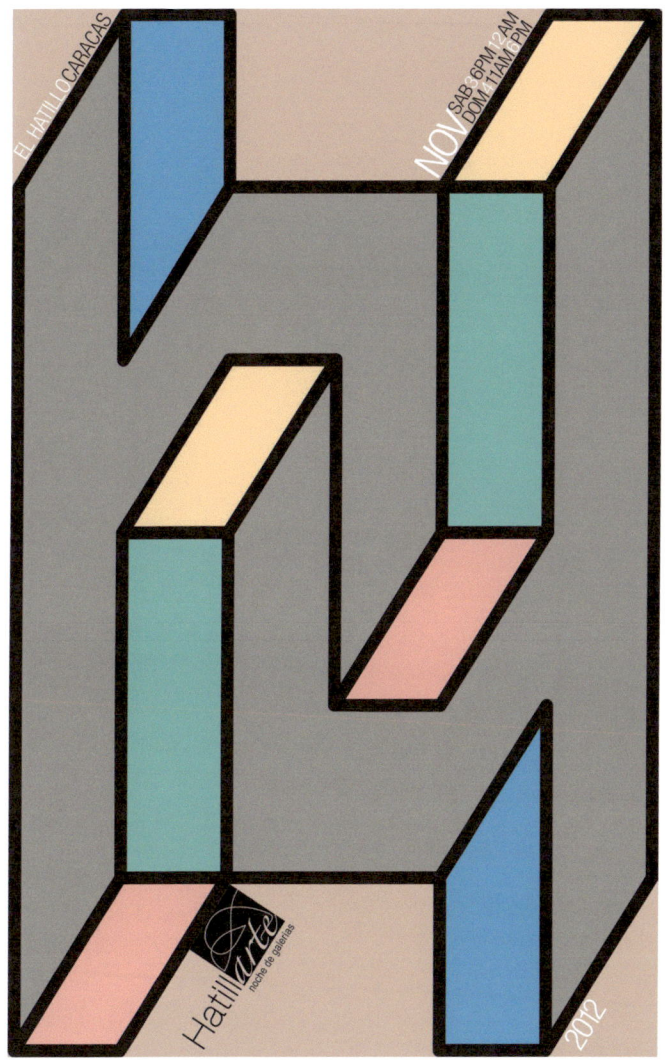

Cartel · Noche de galerías · Hatillarte · 2012

COMMITMENT / COMPROMISO

Graphic design is a commitment
to communication, which already
establishes a position in relation to
the purpose of design, which is to
create an excellent link with what
we want to communicate in any field,
and with the requirements of those
who request our services. On the other
hand, and speaking almost from an
everyday perspective, it is about
making life easier and more enjoyable.
Designing is about delving deeper into
a language and taking it to the peak
of its evolution. Graphic designers
may have ideas that are not visible
or visualisable to the average person
who is not involved in the profession.

El diseño gráfico es un compromiso con
la comunicación, eso ya establece una
postura en relación con el fin del diseño
que es un vínculo de excelencia con lo
que se quiere comunicar en cualquier
ámbito del que se trate, y con los
requerimientos de aquellos que solicitan
nuestros servicios. Por otra parte, y
hablando casi desde la cotidianidad, se
trata de hacer la vida más fácil y grata.
Diseñar es profundizar en un lenguaje
y llevarlo a la cima de su evolución. Los
diseñadores gráficos podemos tener
ideas que no son visibles, o visualizables
para una persona común que no esté
relacionada con el oficio.

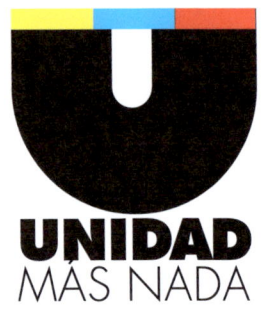

UNIDAD
MÁS NADA

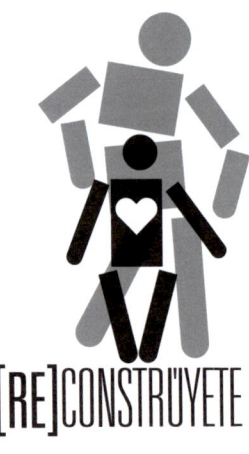

[RE]CONSTRÜYETE

Unidad · 2012

Taller vivencial por Daniela Egui Rubio · Centro de Arte Los Galpones · s.f.

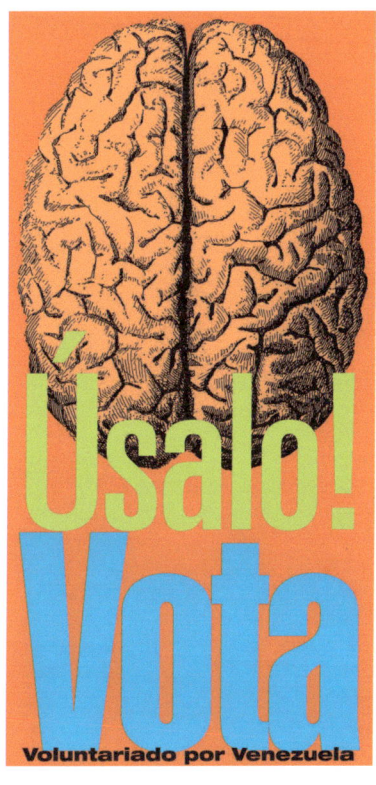

Ponte mosca!
VOTA
por Venezuela

Úsalo!
Vota
Voluntariado por Venezuela

manifiesta

Manifiesta · Grupo de apoyo político cultural opositor · 2007

Carteles · Ponte mosca · Voluntariado · s.f.

SOME ADVICE / UN CONSEJO

I would tell the new generation of designers to always stay on top of the latest information, to keep abreast of new languages and new channels of communication. Nowadays, everything is about image and networks; it is a more complex and more direct universal language. I would also tell them to be irreverent and daring, to study the past in order to have a different future...

A la nueva generación de diseñadores les diría que estuvieran siempre al tope de la información, al tanto de los nuevos lenguajes, de las nuevas vías de comunicación. Ahora todo es imagen, redes, es un lenguaje universal más complejo y más directo. También que sean irreverentes y atrevidos que estudien el pasado para poder tener un futuro diferente...

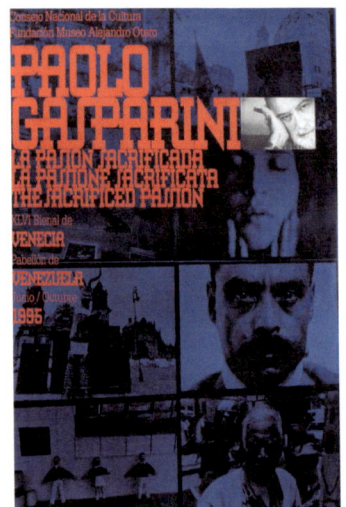

Cartel · Bienal de Venecia · 1995

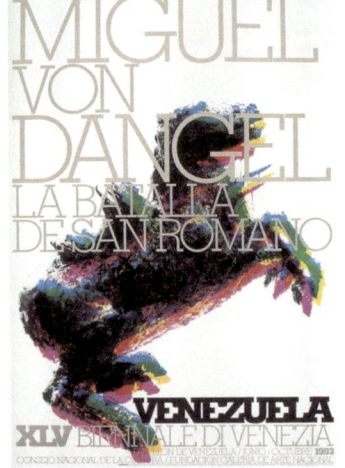

Cartel · Bienal de Venecia · 1993